norsk

Arbeidshefte av
Louis E. Janus til

Kathleen Stokker
og
Odd Haddal

NORDMENN og NORGE

The University of Wisconsin Press

Published by
The University of Wisconsin Press
114 North Murray Street
Madison, Wisconsin 53715

3 Henrietta Street
London WC2E 8LU, England

10   9   8   7   6   5   4

Printed in the United States of America

ISBN   0-299-08774-3

CONTENTS

Acknowledgments vii
Introduction ix

SKRIFTLIGE ØVELSER 1

Første kapittel 3
Annet kapittel 5
Tredje kapittel 7
Fjerde kapittel 11
Femte kapittel 15
Sjette kapittel 19

Noun review 23

Sjuende kapittel 27

Verb review 32

Åttende kapittel 43

Pronoun review 49

Niende kapittel 55

Word order review 63

Tiende kapittel 65
Ellevte kapittel 69
Tolvte kapittel 73

**Possessive pronoun
  review** 79

Trettende kapittel 89
Fjortende kapittel 95
Femtende kapittel 101
Sekstende kapittel 107

Adjective review 111

Syttende kapittel 123

Spelling conventions 127

Attende kapittel 133

**Irregular noun
  plurals** 137

Nittende kapittel 143

**Weak and strong verbs
  and modals** 147

Tjuende kapittel 155

**Demonstratives and
  possessives** 159
Complex sentences 165
Passives 167

MUNTLIGE ØVELSER 169

Første kapittel 171
Annet kapittel 173
Tredje kapittel 175
Fjerde kapittel 177
Femte kapittel 179
Sjette kapittel 181
Sjuende kapittel 183
Åttende kapittel 185
Niende kapittel 187
Tiende kapittel 189
Ellevte kapittel 191
Tolvte kapittel 193
Trettende kapittel 197
Fjortende kapittel 199
Femtende kapittel 201
Sekstende kapittel 203
Syttende kapittel 205
Attende kapittel 207
Nittende kapittel 209
Tjuende kapittel 211
Tjueførste kapittel 213
Tjueannet kapittel 215
Tjuetredje kapittel 217
Tjuefjerde kapittel 219
Tjuefemte kapittel 221
Tjuesjette kapittel 223
Tjuesjuende kapittel 225
Tjueåttende kapittel 227

Uttale 229

/i/-/e/-/æ/ 231
/a/-/å/-/ø/ 233
/o/-/u/-/y/ 235
all single vowels 237
/æi/-/æu/-/øy/ 239
trykklett /a/
  og /e/ 241
/kj/--/sj/ 243
/t/-/d/-/n/-/ng/
  og konsonant-
  forbindelser 245
stumme konsonanter,
  gi og gy 247
trykk og tonemer 249

ACKNOWLEDGMENTS

I wish to express my gratitude to the following people and organizations for their help in preparing this workbook:

   Kathleen Stokker and Odd Haddal, for providing the material and impetus for writing this work, and for reading and commenting on various drafts;

   Liv Dahl, for reading through the final draft and making suggestions based on her keen linguistic and pedagogical insights;

   David L. Beatty, for reading and critiquing the grammar reviews, and for general editorial assistance;

   Kari Ellen Gade, for help preparing and recording the oral exercises, especially the pronunciation section.

   Barbara A. Riechmann, for preparing the lip and mouth illustrations in the pronunciation section;

   Philip Janus, for reading early drafts of the grammar reviews;

   Carlsen if, International Publishers A/S, Copenhagen, for permission to use six children's rhymes, published in *Du og jeg og vi to*, ed. Grete Janus Hertz (Oslo: Litor, 1978);

   The University of Minnesota Council on Liberal Education Small Grants Program, for its support of this project.

INTRODUCTION

This workbook accompanies *Norsk, nordmenn og Norge*. It gives students written and oral practice with the material presented in the textbook.

The first section (SKRIFTLIGE ØVELSER) is composed of written exercises for chapters 1-20. There are also twelve review chapters which pull together and explain in English various aspects of Norwegian grammar.

The workbook's second section (MUNTLIGE ØVELSER) is meant to be used with the related audio tapes. For each chapter, several excerpts from the textbook are recorded. Under the rubric LEST INN PÅ BÅNDET you will find references to the passage's page *(side)* and line *(linje)* in the textbook. These passages are also marked in the textbook. The readings for six chapters are supplemented by children's rhymes and ditties.

Exercises (ØVELSER) follow the recorded excerpts for most chapters. For each exercise, the first two cue--response pairs are printed as a sample in the workbook. The speakers on the tape first go through these two cue--response examples. Then they start over. You should respond during the pause after each cue, then listen as the speaker gives the proper response.

Each chapter ends with a dictation (DIKTAT) or listening comprehension exercise (LYTTEØVELSE).

The final part of the oral exercises deals with pronunciation (UTTALE). These exercises are not dependent on the chapters in the textbook, but can be used for practice at any time.

Answers to the written exercises and a complete transcript of the oral exercises are provided in the workbook's teachers' manual.

SKRIFTLIGE ØVELSER

GOD DAG

I. SVAR PÅ SPØRSMÅLENE:

1. Hva heter du?

2. Er du fra Amerika?

3. Er du fra Norge?

4. Hvor er familien din fra?

5. Heter du Jens?

6. Heter du Anne?

7. Hvordan har du det?

II. HVA ER SPØRSMÅLET?

0. _Er Jens fra Norge_?   Ja, Jens er fra Norge.

1. _____?   Ja, jeg heter Hans.

2. _____?   Nei, hun heter Anne.

3. _____?   Nei, du heter Jens.

4. _____?   Ja, Kari er fra Norge.

5. _____?   Ja, familien min er fra Amerika.

III. SETT INN 'IKKE':

0. Jeg er fra Norge.

   Jeg er ikke fra Norge.

1. Du heter Jens.

2. Han er fra Norge.

3. Familien din er fra Amerika.

4. Hun heter Kari.

IV. SETT INN PRONOMENET:

0. Kari er fra Norge.

   Hun er fra Norge.

1. Jens er ikke fra Amerika.

2. Er Hans fra Norge?

3. Hvordan har Anne det?

SNAKKER DU NORSK?

I. SVAR PÅ SPØRSMÅLENE:

1. Hvordan har du det?

2. Heter du Jorunn?

3. Er Hansen elev?

4. Forstår Hansen norsk?

5. Er du student?

6. Er du fra Bergen?

7. Snakker du engelsk?

II. SVAR 'NEI':

0. Heter du Hansen?

   Nei, jeg heter ikke Hansen.

1. Er Svein lærer?

2. Snakker Jorunn norsk?

3. Stemmer det?

4. Er jeg fra Oslo?

5. Forstår Kari engelsk?

6. Er du lærer?

III. SKRIV DIALOGEN FERDIG:

Hansen: God dag!

Du: _____! _____?

Hansen: Nei, jeg er ikke student.

Du: _____?

Hansen: Ja, jeg er lærer. Er du fra Norge?

Du: _____.
_____?

Hansen: Jeg er fra Bergen. Snakker du norsk?

Du: _____.

Hansen: Det er alt for i dag. Takk for nå!

Du: _____. _____.

IV. SKRIV BOKSTAVEN 'Æ':

_Æ_ ____ ____ ____ ____

ER DU STUDENT?

I. ER SUBSTANTIVENE 'EN' ELLER 'ET'?

	en	et	
0.	●	0	student
1.	0	0	jobb
2.	0	0	universitet
3.	0	0	fabrikk
4.	0	0	skole
5.	0	0	gang
6.	0	0	kontor

II. SVAR PÅ SPØRSMÅLENE:

0. Har Svein en jobb?

   Ja, han har en jobb.

1. Har du en jobb?

   Ja,

2. Sover Kari?

   Nei,

3. Forstår Anne engelsk?

   Ja,

4. Arbeider Jens på en skole?

   Ja,

5. Hvor arbeider lærer Hansen?

6. Hva studerer du nå?

III. SETT INN RIKTIG FORM AV 'Å VÆRE':

1. Svein liker ikke _____ elev.

2. _____ du i Amerika nå?

3. Jeg _____ i Norge før.

4. _____ Kari _____ i Minneapolis før?

IV. SETT INN ORDENE SOM MANGLER:

0. _Hvor_____ gammel er du?

1. Hun studerer _____ et universitet.

2. Hva lærer Svein _____ skolen?

3. Familien min er _____ Oslo nå.

4. Svein lærer norsk, engelsk _____ historie.

5. Jeg arbeider _____ et kontor.

6. Liker du _____ være student?

7. Kunne du si det en gang _____?

8. _____ har du det? Bare bra, _____.

V. SKRIV TALLENE:

2 _to_____   27 _____

4 _____   39 _____

8 _____   45 _____

11 _____   51 _____

12 _____   63 _____

14 _____   72 _____

16 _____   86 _____

18 _____   98 _____

20 _____   104 _____

PENGER I NORGE

I. SVAR PÅ SPØRSMÅLENE:

1. Har du skrivepapir?

2. Trenger du en penn?

3. Hva koster en linjal?

4. Kjøper du en avis?

5. Arbeider du på et kontor?

6. Hvor studerer du?

7. Har du et spørsmål?

II. SVAR SLIK PÅ SPØRSMÅLENE:

0. Har du en penn?

   Ja, her er pennen.

1. Har du et viskelær?

2. Har du en avis?

3. Har du skrivepapir?

4. Har du en blyant?

5. Har du en linjal?

III. SETT INN 'IKKE':

0. Jeg trenger en blyant.

   Jeg trenger ikke en blyant.

1. Hansen er ekspeditør.

2. Vi har kroner og øre i Amerika.

3. Jorunn liker å være elev.

4. Jeg har mange penger.

5. Han kjøper et viskelær.

6. Anne og Ole studerer ved et universitet.

7. Læreren har vært i Oslo.

IV. SKRIV SPØRSMÅLET:

0. _Heter du Kari_____?   Ja, jeg heter Kari.

1. _____?   Nei, han er ikke lærer.

2. _____?   Familien min har vært i
                         Norge.

3. _____?   Ja, han kjøper en avis.

4. _____?   Vi staver det F-A-B-R-I-K-K.

5. _____?   Nei, du liker ikke å være
                         på skolen.

6. _____?   Jeg er atten år gammel.

7. _____?   Nei, hun var ikke i en
                         buttikk.

V. HVA KOSTER FEMTI ØRE?

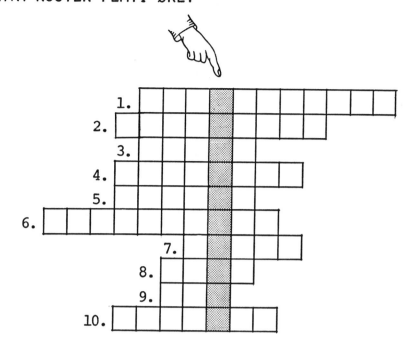

1. Jeg studerer ved et _____.

2. Trettisju pluss sytten er _____.

3. Vi forstår litt _____ nå.

4. Svein kjøper alt dette i _____.

5. Anne er tolv år _____.

6. "Å være eller ikke å være, det er _____."

7. Kari arbeider på en skole. Hun er _____.

8. Liker du å _____ i Amerika?

9. Hvor _____ koster alt dette?

10. Elleve pluss _____ er tjuesju.

I KLASSEVÆRELSET

I. SKRIV OM MED FLERTALL:

0. Jeg har et bilde.

   Jeg har mange bilder.

1. Jeg har en penn.

2. Jeg har et vindu.

3. Jeg har en stol.

4. Jeg har en blyant.

5. Jeg har en pult.

6. Jeg har en linjal.

7. Jeg har et værelse.

II. BRUK ENTALL I SPØRSMÅLENE:

0. *Trenger du bare én*
   ___*avis*_____?   Nei, jeg trenger mange
                             aviser.

1. _____?   Nei, jeg trenger mange
                             bilder.

2. _____?   Nei, jeg trenger mange
                             penner.

3. _____?   Nei, jeg trenger mange
                             linjaler.

4. _____?   Nei, jeg trenger mange
                             stoler.

5. _____?   Nei, jeg trenger mange
                             klokker.

6. _____?   Nei, jeg trenger mange
                             vinduer.

III. BRUK BESTEMT FORM FLERTALL I SVARENE:

0. Det er tre gutter her.

   Vi ser ikke guttene der.

1. Det er fem studenter her.

2. Det er seks bilder her.

3. Det er sju aviser her.

4. Det er åtte klasseværelser her.

5. Det er ni elever her.

6. Det er ti vinduer her.

7. Det er elleve piker her.

VI. BRUK BESTEMT FORM ENTALL I SPØRSMÅLENE:

0. Det er et golv i klasseværelset.

   Hvor er golvet?

1. Det er ei klokke i klasseværelset.

2. Det er en lærer i klasseværelset.

3. Det er ei bok i klasseværelset.

4. Det er et vindu i klasseværelset.

5. Det er ei jente i klasseværelset.

6. Det er ei dør i klasseværelset.

7. Det er ei tavle i klasseværelset.

V. HVA ER SPØRSMÅLET?

0. _Arbeider du her___?   Nei, jeg arbeider ikke her.

1. _____?   Ja, jeg liker å være i Norge.

2. _____?   Nei, jeg hadde ikke boka i går.

3. _____?   Jo, han heter Hansen.

4. _____?   Ja, han er lærer her.

5. _____?   Jo, jeg har vært i Oslo før.

6. _____?   Boka var *der* i går.

7. _____?   Han skriver med kritt.

8. _____?   Alt dette koster tretti kroner.

VI. SKRIV OM MED 'I DAG' ELLER 'I GÅR':

0. Jeg har boka i dag.

   Men du hadde ikke boka i går.

0. Jeg hadde blyanter i går.

   Men du har ikke blyanter i dag.

1. Jeg var i klasseværelset i går.

2. Bildene er på veggen i dag.

3. Du var på kontor i går.

4. Han har noen penger i dag.

5. Familien min var i Bergen i går.

17

VII. SETT INN 'Å HA', 'Å VÆRE', 'HAR HATT' ELLER 'HAR VÆRT':

1. Vi _____ _____ i Minnesota før.

2. Liker Anne _____ _____ en jobb?

3. _____ du _____ mange andre jobber?

4. Svein _____ ikke _____ på skolen i dag.

5. Han liker ikke _____ _____ der.

VIII. ER SUBSTANTIVENE 'EN', 'EI' ELLER 'ET'?

	en	ei	et	
0.	●	0	0	pult
1.	0	0	0	jente
2.	0	0	0	tak
3.	0	0	0	lys
4.	0	0	0	vegg
5.	0	0	0	dør
6.	0	0	0	vindu
7.	0	0	0	taklys
8.	0	0	0	tavle
9.	0	0	0	familie
10.	0	0	0	klasseværelse

HJEMME HOS JORUNN

I. SETT INN RIKTIG FORM AV 'Å HA' ELLER 'Å VÆRE':

1. _____ du i norsktimen i går?

2. Læreren _____ _____ mange jobber før.

3. Hun liker _____ _____ jobb på kontor.

4. _____ vi norsktime i dag?

5. _____ du ikke _____ på skolen i dag?

6. Jeg studerer norsk, men jeg liker ikke _____
_____ student.

II. BRUK ENTALL I SVARENE:

0. Er det mange taklys her?

   Nei, det er bare ett taklys her.

1. Er det mange linjaler her?

2. Er det mange stoler her?

3. Er det mange bilder her?

4. Er det mange klokker her?

5. Er det mange bord her?

6. Er det mange jenter her?

7. Er det mange værelser her?

8. Er det mange hus her?

19

III. SETT INN FORMENE SOM MANGLER:

UBESTEMT		BESTEMT	
ENTALL	FLERTALL	ENTALL	FLERTALL
0. en penn	*penner*	*pennen*	*pennene*
1.		bordet	
2.	fabrikker		
3.			jentene
4. ei bok			
5.	timer		
6.		bildet	
7. et taklys			
8.		døra	
9. en mann			
10.			frimerkene
11.	tak		

IV. BRUK RIKTIG PRONOMEN:

0. Leif, forstår ___*du*___ norsk?
   (Leif)

1. _____ skriver et brev til _____.
   (Kari)   (Svein)

2. Bjørn, har _____ sett _____?
   (Bjørn)   (Liv)

3. Bjørn, har _____ sett _____?
   (Liv)   (Bjørn)

4. _____ kjenner _____.
   (Helga)   (Turid)

5. _____ forstår _____.
   (Egil og jeg)   (Bjørg og deg)

6. _____ snakker med _____.
   (Jorunn og Kari)   (Pål og Solveig)

7. Jorunn, Kongen så _____!
   (Jorunn)

8. Har du sett _____?
   (bøkene til læreren)

V. SETT INN EN PASSENDE INFINITIV:
   Fill in an appropriate infinitive:

0. Dere liker ___*å*___ ___*se*___ bilder av nordmenn.

1. Liker Per _____ _____ engelsk?

2. Jorunn liker _____ _____ på døra.

3. Jeg liker _____ _____ brev til deg.

4. Vi liker _____ _____ mange penger.

5. Hansen liker ikke _____ _____ lærer.

6. Gro lærer _____ _____ bøker.

21

VI.   HVEM LIKER ASTRID?

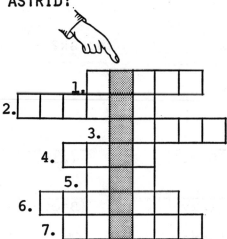

1. Vi leser mange _____.

2. Det er fem _____ i taket i klasseværelset.

3. Hva er klokka? Er ikke timen _____ ennå?

4. "Du har _____, Jorunn. Familien min er
    ikke i Amerika."

5. "Lærer, hvor er du? Jeg ser _____ ikke."

6. Vi lærer å snakke, forstå og _____ norsk i
    norsktimen.

7. En mann kommer og _____ på døra til Jorunn.

Nouns name people, places, and things. In Norwegian, nouns
(et substantiv) are divided into three grammatical groups,
called genders (et kjønn): masculine (hankjønn), feminine
(hunkjønn), and neuter (intetkjønn). This classification is
to a large extent arbitrary, and you usually cannot guess the
gender of a noun based solely on its form or meaning.

Nouns can appear in several different forms, depending on
whether they are indefinite (ubestemt) or definite (bestemt),
singular (entall) or plural (flertall). For an English noun,
say 'house,' these four forms can be schematized like this:

	SINGULAR	PLURAL
INDEFINITE	a house	houses
DEFINITE	the house	the houses

In Norwegian, these forms depend on the gender of the noun.
In this review chapter, we will look at regular nouns in each
gender. A later review chapter (pp.137-141) deals with nouns
which have irregular plurals.

MASCULINE NOUNS. The indefinite article for masculine gender
nouns is en. (The English indefinite article is 'a' or 'an.')
We can refer to this class of nouns as en nouns. To say
'a boy' in Norwegian, we use the indefinite article en plus
the base form of the noun gutt. En gutt therefore means
'a boy.'

In English, the definite article ('the') comes before the
noun: 'the boy.' Norwegian uses a definite article which
is attached to the end of the noun. For en nouns, an -en ap-
pears as the ending on the noun. Gutten means 'the boy.'
For nouns which end in an unstressed -e, the definite form
uses only one e: en skole means 'a school' and skolen means
'the school.'

Indefinite plural forms for en nouns regularly end in -er:
gutter means 'boys' and skoler means 'schools.'

The definite plural form for en nouns ends in -ene: guttene
'the boys' and skolene 'the schools.'

FEMININE NOUNS. The singular indefinite article for feminine
nouns is ei. Ei klokke means 'a clock.' The singular defi-
nite article, which is once again suffixed to the noun, is
-a. Klokka means 'the clock.' Notice that the final un-
stressed -e of klokke is removed before adding the -a. The
plural endings are identical to the endings used for en nouns:
add -er (or -r) for the indefinite plural and -ene (or -ne)
for the definite plural.

NEUTER NOUNS. The indefinite article for these nouns is *et*.
Et hus means 'a house.' An *-et* (or *-t*) is added to the end
of the noun to form the definite singular form: *huset* 'the
house.'

While the plural forms for *en* and *ei* nouns are identical,
there is a subclass of *et* nouns which does not use *-er* as the
indefinite plural ending. Generally, *et* nouns with one
syllable do not take any ending in the indefinite plural:
et hus 'a house,' *hus* 'houses.' (Compare these nouns to the
class of English nouns like deer and sheep.) It is usually
clear from context whether the noun is singular or plural.
Compound nouns like *taklys* always take their gender and
various forms from the last element in the compound. Thus
taklys 'ceiling light' behaves exactly like *lys* 'light.'

Et nouns which have more than one syllable (but are not
compounds) form their indefinite plurals just like *en* and *ei*
nouns: they add *-er* (or *-r*) to the base form of the noun.
Et bilde 'a picture' has two syllables. Thus its indefinite
plural form is *bilder* 'pictures.'

The definite plural ending for all regular *et* nouns is
identical to *en* and *ei* nouns: *-ene* (or *-ne*). *Husene* means
'the houses,' *taklysene* 'the ceiling lights,' and *bildene*
'the pictures.'

The chart below summarizes the indefinite articles and
endings for regular nouns in Norwegian:

SINGULAR		PLURAL	
indefinite	definite	indefinite	definite
en	-en	-er	-ene
ei	-a	-er	-ene
et	-et	-- (1 syllable) / -er (2 or more syllables)	-ene

*Cover this column
while answering!*

1. Which of the following are <u>not</u> nouns?

   cats
   wow!
   but
   are

   not nouns:

   wow!
   but
   are

2. Does English use a gender system
   similar to Norwegian?

   Yes   No

   *No. All nouns
   fall into one
   class.*

3. In Norwegian, do you expect all
   masculine gender nouns to relate to
   male humans or animals?

   Yes   No

   *No. For example,
   en skole,
   en dame.*

4. Is 'the house' indefinite or definite?

   Definite.

5. Is 'houses' indefinite or definite?

   Indefinite.

6. Fill in the four forms for <u>en gutt</u>:

   <u>SINGULAR   PLURAL_____</u>

   INDEFINITE

   en gutt   gutter

   DEFINITE

   gutten   guttene

7. Fill in the four forms for <u>ei jente</u>:

   <u>SINGULAR   PLURAL_____</u>

   INDEFINITE

   ei jente jenter

   DEFINITE

   jenta   jentene

8. Fill in the endings for these <u>et</u> nouns:

   <u>SINGULAR   PLURAL</u>

   <u>indefinite definite indefinite definite</u>

   et bilde   bilde__   bilde__   bilde__

   -t, -r, -ne

   et bord   bord___   bord___   bord___

   -et, --, -ene

9. What does <u>brevet</u> mean?

   the letter

10. What does <u>damer</u> mean?

    ladies

11. What does <u>boka</u> mean?

    the book

12. How do you say 'the doors'?

    dørene

13. How do you say 'newspapers'?

    aviser

25

JORUNN LEGGER SEG

I. FYLL INN PRONOMENENE SOM MANGLER:

	subjekt	objekt
1.	_____	meg
2.	du	_____
3.	_____	ham
	hun	_____
1.	_____	oss
2.	dere	_____
3.	_____	dem

II. SETT INN ORDENE SOM MANGLER:

1. Magne har noen bøker. Det er bøkene _____ Magne.

2. Jeg var _____ Amerika _____ går.

3. Marit liker _____ skrive brev _____ Egil.

4. Hun skriver alltid _____ norsk.

5. Dere reiser _____ Bergen _____ morgen.

6. Unni arbeider _____ et kontor.

7. Hvor mange gutter er det _____ klassen?

8. Kunne du si det en gang _____?

9. Kommer familien din _____ Amerika?

III. SETT INN 'DU' ELLER 'DEG':

1. Gro skriver mange brev til _____.

2. Skriver _____ på engelsk?

3. _____ liker å være i Amerika.

4. Kjenner hun _____?

5. Kjenner _____ henne?

6. Har han sett på _____?

IV. SETT INN RIKTIGE REFLEKSIVE PRONOMENER:

0. Han ser _seg_ i speilet.

1. Hun ser _____ i speilet.

2. Vi ser _____ i speilet.

3. Dere ser _____ i speilet.

4. Ser du _____ i speilet?

5. Jeg ser _____ i speilet.

6. Så de _____ i speilet?

7. Øyvind liker å se _____ i speilet.

8. Eivind og Øyvind har sett _____ i speilet.

9. Liker du å se _____ i speilet?

10. Ser dere _____ i speilet?

V. SETT INN RIKTIG FORM AV 'Å LIGGE' ELLER 'Å LEGGE':

1. Jeg pleier _____ på golvet.

2. Hansen _____ seg alltid klokka elleve.

3. _____ du blyantene på pultene?

4. Ja, de _____ der nå.

5. Når liker dere _____ dere?

6. Hvorfor _____ avisen på stolen?

7. Hvem _____ krittet på golvet?

VI. SETT INN 'VET' ELLER 'KJENNER':

1. Hvordan _____ du at han _____ deg?

2. _____ hun hva vi heter?

3. Anne _____ Bjørn.

4. Anne _____ at Bjørn legger seg klokka ni.

5. _____ de dere?

6. Vi bor i Bergen. Vi _____ byen.

VII. SVAR 'NEI':

1. Liker Svein seg på skolen?

2. Liker du deg hjemme?

3. Liker vi oss ute?

4. Har Ingrid sett seg i speilet?

5. Liker jeg meg bedre på kontoret?

6. Legger dere dere klokka ti?

7. Liker Jorunn å se på bildene?

8. Liker Pål å være i Norge?

VIII. BRUK PRONOMENER I SVARENE:

0. Leser Aud boka?

   Ja, hun leser den.

1. Liker Liv huset?
   Nei,

2. Ligger Odd på senga?
   Ja,

3. Ser Gerd og Odd på bildene?
   Nei,

4. Har Leif sett Bjørg i dag?
   Ja,

5. Hadde Lars linjalen i går?
   Nei,

6. Sitter Jorunn på stolen?
   Ja,

7. Liker nordmenn å reise?
   Nei,

IX. SKRIV DIALOGEN FERDIG:

Du:

Olav: Jeg heter Olav.

Du:

Olav: Jo, jeg er student ved universitetet.

Du:

Olav: Jeg pleier å legge meg klokka tolv.

Du:

Olav: Nei, jeg kjenner henne ikke. Hvorfor det?

Du:

Olav: Hva er klokka?

Du:

Olav: Jeg har time i historie nå. Adjø.

Du:

This review chapter deals with some basic aspects of verbs and the structure of sentences.

Verbs (*et verb*) describe actions or states of being, like 'hit, run, have, feel.' Verbs can be in several forms, depending on how they are used. We will look at some of the forms here, and others in a later review chapter (pp.147-154). For each type we will discuss how to form it, and how it is used.

THE INFINITIVE (*en infinitiv*) is the form you find in dictionaries and glossaries. It is, in a sense, the base or idealized form of the verb, not limited in time or by a subject. In English, 'to eat' does not tell you who is eating or when it happens. The infinitive is occasionally joined by the INFINITIVE MARKER (*et infinitivsmerke*), which is *å* in Norwegian and 'to' in English.

In English, infinitives without the marker are hard to recognize. There is no special ending for them. Norwegian infinitives, however, always end in a vowel. For most verbs, this final vowel is an unstressed *-e*. But some verbs have stressed final syllables which can end with an *-e* or some other vowel.

Up to this point in the textbook, the only use of the infinitive you have seen is after another verb, like *liker å være* or *lærer å snakke*. Other uses of the infinitive will be introduced later.

THE PRESENT TENSE (*presens*) describes actions happening now, happening soon, or generally happening. The form of the present tense verb varies in English depending on the subject ('I eat. He eats'). In Norwegian, the present tense form is invariable. Almost all verbs add *-r* to the infinitive to form the present tense, which then can be used with all subjects. The present tenses of *å være*, *å vite*, *å gjøre*, and *å spørre* are irregular, and must be learned separately.

33

VERB REVIEW

Cover this column while answering!

1. Which of the following are not verbs?

    pretty
    grow
    street
    later

not verbs:

pretty
street
later

2. Can the infinitive describe actions which happened in the past?

    Yes   No

no

3. What is the infinitive marker in Norwegian?

å

4. Which of the following are not Norwegian infinitives?

    ser
    gjøre
    hadde
    tro

ser
hadde

5. How do you say 'He likes to sleep'?

Han liker å sove.

6. How do you say 'She is learning to walk'?

Hun lærer å gå.

7. Do you have to use the infinitive marker in sentences 5. and 6.?

    Yes   No

yes

8. If *er* means 'is,' in *hun er*, what would the verb form be for 'we are'?

    ----

er

9. Write the present tense form for these infinitives.

    å arbeide   --------------

arbeider

    å bo   --------------

bor

    å hete   --------------

heter

10. What are the present tense forms for:

    å være   ------------

er

    å gjøre   ------------

gjør

    å spørre   ------------

spør

35

Before going on to sentence structure, we should compare one more aspect of English and Norwegian present tenses which frequently causes trouble when students translate from English into Norwegian.

Compare these sentences:

1. I speak English. ⎫
2. I do speak English. ⎬ 1. *Jeg snakker engelsk.*
3. I am speaking English. ⎭

English uses three types of constructions for these sentences. Norwegian permits only one. The student who tries to translate the English sentences word-for-word will no doubt have trouble with the words 'do' and 'am' in sentences 2. and 3.

Now we will summarize some things you have seen about Norwegian sentence structure. In simple declarative sentences in Norwegian, the subject (S) comes before the verb (V):

S	V	
Vi	*sover.*	
Hun	*snakker*	*norsk.*

In sentences which have several elements in the verb, we will pay particular attention to the verbal element which comes first. That is the element which can change its tense, and can change its position relative to the subject. We'll call that element V:

S	V	
Han	*har*	*sett filmen før.*
Svein	*liker*	*å tulle.*

Questions reverse the relative positions of S and V. For questions which require only a 'yes' or 'no' answer, the sentence starts with the V, and the S follows. Questions which require new information to be given start with an interrogative (*et spørreord*), and V-S follow:

(interrogative)	V	S	
	Sover	*du?*	
	Liker	*Svein*	*å tulle?*
	Har	*du*	*sett filmen før?*
Hva	*heter*	*hun?*	

1. How do you say 'She is counting'?

   Hun teller.

2. How do you say 'Leif is here'?

   Leif er her.

3. Why do you have a translation for 'is' in sentence 2., but not in sentence 1.?

   The present tense teller translates 'is counting'. Is is the verb in sentence 2.

4. Translate: They do stop.

   De stopper.

5. Translate: They do it.

   De gjør det.

6. Translate: They are doing it.

   De gjør det.

7. What is the subject in this sentence:

   Odd og Magne kjenner Aud.

   Odd og Magne

8. What is the verb in the sentence above?

   kjenner

9. In simple declarative sentences, what is the relative order of S and V?

   S--V

10. What is the subject in this question:

    Pleier han å snakke norsk?

    han

11. In questions, what is the relative order of S and V?

    V--S

12. Does that order remain the same in questions with interrogatives?

    yes

13. In a verb like har sett, with more than one element, which word are we referring to when we use the shorthand V?

    har

Many English questions use a form of 'to do':

>   Do you like to eat?

>   Did she speak English?

This 'do' is similar to the 'do' constructions we discussed before. It is part of the structure of English questions and must not be translated when forming Norwegian questions. The same warning goes for forms of 'to be' which are linked in English questions to '-ing' forms of verbs:

>   Does Anne write letters?   *Skriver Anne brev?*

>   Is Anne writing letters?

So far in this review, we have been talking about positive statements and questions. Now, we'll look at how negative sentences are formed.

We will keep the same definition of <u>V</u> which we used before: the first element of a verb if there is more than one.

The word *ikke* generally comes after the <u>V</u> in the types of setnences we've been discussing:

<u>S</u>	<u>V</u>	-<u>ikke</u>-
Jeg	*ser*	*ikke tavla.*
Jeg	*har*	*ikke sett læreren.*
Jeg	*liker*	*ikke å gjøre det.*

In sentences with a pronoun, <u>ikke</u> comes after the pronoun as well.

<u>S</u>	<u>V</u>	<u>pronoun</u>	<u>ikke</u>
Jeg	*ser*	*henne*	*ikke*
Svein	*kjenner*	*dem*	*ikke*

Note the word order in questions:

>   *Arbeider ikke Svein?*

>   *Arbeider han ikke?*

>   *Forstår du meg ikke?*

Once again the rule is that *ikke* follows the <u>V</u>, but pronouns come between the <u>V</u> and *ikke*.

But compare these sentences with more than one verbal element:

>   *Svein liker ikke å se dem.*

>   *Svein har ikke sett dem.*

Here, the object pronoun does not intrude between <u>V</u> and *ikke* because the pronoun comes after all the verbal elements.

We see the same pattern when the pronoun is the object of a preposition:

Svein har ikke sett på dem.

Anne skriver ikke til deg.

*Cover this column
while answering!*

1. How do you say 'Do they speak Norwegian?'

> *Snakker de
> norsk?*

2. How do you say 'Are we stopping?'

> *Stopper vi?*

3. Where would you put *ikke* in each of these sentences?

Jeg^1 er^2 elev^3.

> 2 *S--V--ikke*

Pål^1 hadde^2 boka^3.

> 2 *S--V--ikke*

Vi^1 har^2 sett^3 kongen^4 før^5.

> 2 *S--V--ikke*

Hun^1 liker^2 å^3 bo^4 i^5 Oslo^6.

> 2 *S--V--ikke*

Øystein og Gro^1 kjenner^2 Øyvind^3.

> 2 *S--V--ikke*

Øystein og Gro^1 kjenner^2 ham^3.

> 3 *S--V--pronoun
> ikke*

Forstår^1 Kåre^2 norsk^3?

> 1 *ikke after V*

Forstår^1 han^2 norsk^3?

> 2 *ikke after
> pronoun*

Så^1 hun^2 ham^3?

> 3 *ikke after
> pronoun*

Har^1 vi^2 sett^3 på bildene^4?

> 2 *ikke after
> pronoun*

Har^1 vi^2 sett^3 på dem^4?

> 2 *dem is object
> of preposi-
> tion*

LA OSS SPISE!

I. SETT INN 'DEN', 'DET', 'DE' ELLER 'DEM':

1. _____ er ei imponerende bok. _____ er
   imponerende.

2. _____ er et imponerende smørbrød. _____ er
   imponerende.

3. _____ er imponerende bilder. _____ er
   imponerende.

4. _____ er en imponerende klasse. _____ er
   imponerende.

5. Han bor i et hus. Har du sett _____?

6. Er bøkene på pulten? Nei, _____ er på golvet.

7. Pennene er på skrivebordet. Skriver du med
   _____?

II. SETT INN RIKTIG FORM AV VERBET I PARENTES:

1. _____ du _____ i Norge før? (å være)

2. Når pleier du _____? (å legge seg)

3. _____ vi norsk nå? (å lese)

4. Dere _____ mange penger i går. (å ha)

5. Vi _____ dem i butikken i går. (å se)

6. De liker _____ på tavla med kritt.
   (å skrive)

7. Hvorfor _____ du dette? (å gjøre)

8. Studentene _____ _____ norsk.
   (å lære, å snakke)

III. BRUK 'SKAL' I SVARENE:

0. Skriver du brevene nå?

   Nei, jeg skal skrive dem i morgen.

1. Kjøper du boka nå?

2. Gjør du dette nå?

3. Studerer du norsk nå?

4. Sover du nå?

IV. BRUK 'VIL':

0. Olav spiser kake.

   Jeg vil også spise kake!

1. Olav pusser tennene.

2. Olav arbeider på fabrikk.

3. Olav banker på døra.

4. Olav er hjemme hos Liv.

V. SKRIV SETNINGENE SOM MANGLER:

0. Dere må snakke norsk! *Vi kan ikke snakke norsk.*

1. Dere må gå på skole! _____.

2. _____ Vi kan ikke kjøpe avisene.

3. Dere må legge dere! _____.

4. _____ Vi kan ikke stå der borte.

5. Dere må telle videre! _____.

VI. SVAR 'JA' OG BRUK PRESENS:

0. Skal du pusse tennene?

   Ja, jeg pusser tennene nå.

1. Vil du drikke kaffe?

2. Kan du skrive på norsk?

3. Må du legge deg?

4. Kan du se deg i speilet?

5. Vil du være her på skolen?

6. Må du gjøre dette?

7. Skal du spørre meg?

VII. SETT INN 'NOEN' ELLER 'NOE':

1. Jeg må ringe til _____ i dag.

2. Jeg liker å drikke _____ til frokost.

3. Jeg har spist _____ småkaker.

4. Pleier du å spise _____ ved 5-tiden?

5. _____ holder gaffelen i venstre hånd.

6. Så du _____ i butikken du vil kjøpe?

7. Vi har ikke _____ penger.

VIII. SKRIV SETNINGENE FERDIG, BRUK MINST TRE ORD TIL.
*Complete the sentences using at least three more
words.*

1. Nordmenn pleier _____.

2. Hvorfor har jeg _____?

3. Hva skal _____?

4. Familien min må _____.

5. Hvordan _____?

6. Dere vil _____.

7. Spiste _____?

8. Hvem har _____?

In this review chapter, we will take a look at pronouns *(et pronomen)*. Pronouns (for example, 'he, she, they,' and 'them') can take the place of nouns or names.

In Norwegian (as in English) the form of a noun or name remains the same regardless of whether it occurs as the subject or an object in the sentence. As you will see in the examples below, objects can be classified as direct objects, indirect objects, or objects of prepositions.

Noun as subject:

Pennen ligger på bordet.
Jens så på Kari.

Noun as object:

Vi kjøpte pennen. (direct object)
Jeg skriver med pennen. (object of preposition)
Vi sender mannen et brev. (indirect object)

Most pronouns, on the other hand, have distinct forms for subject and object use. As a shorthand, we will use the following grammatical terminology when we are talking about pronouns:

1st person - the speaker(s)
2nd person - the person or people being spoken to
3rd person - the person or people or thing(s) spoken about.

The following chart summarizes the personal pronouns in Norwegian. 1st, 2nd, and 3rd persons all have singular and plural forms, and each category has subject and object forms. Asterisks mark categories or distinctions which we lack in English. Particular attention must be paid to those forms for that reason.

	SINGULAR		PLURAL	
	SUBJECT	OBJECT	SUBJECT	OBJECT
1st person	jeg	meg	vi	oss
2nd person				
informal*	du*	deg*	dere*	dere*
formal*	De*	Dem*		
3rd person				
masculine	han	ham		
feminine	hun	henne		
inanimate			de	dem
en gender*	den*	den*		
ei gender*				
et gender	det	det		

Here are several hints which may help you remember some of these forms:

The forms which require most attention for many students are the 2nd person singular informal, the forms you would use when talking to a friend or relative. You can't rely on your English sense to help you decide when to use *du* and when *deg;* English does not have separate subject and object forms for 'you.' It might be helpful to use the analogy with *jeg* and *meg*, since English does differentiate between 'I' (subject) and 'me' (object). If, in a particular sentence, you can substitute *meg* in the slot in question, then you want to choose *deg*. If *jeg* works, then so does *du*. On tests, students call this type of choice a *du* or *deg* situation.

The formal 2nd person forms are rarely used in Norway today. The forms *De* and *Dem* are identical to the forms for the 3rd person plural, except that the *d* is capitalized out of respect. The plural form *dere* is used for both subject and object. It might be helpful to think of *dere* as meaning something like "y'all."

Norwegian has two words for 'it': *den* and *det*. When you want to use a pronoun instead of a noun, you must choose the proper form. If the noun is an *en* or *ei* word, *den* is used if the noun is not mentioned in the sentence.

> *Her er en stol. Jens sitter på <u>den</u>.*
> *Jeg ser ei klokke. <u>Den</u> er på veggen.*

Det replaces *et* nouns in the same way. But *det* also is used to point out the existence of something. It is used with all three genders. In these constructions, the noun is mentioned in the sentence:

> *Jeg skriver et brev. Det er på norsk.*
>
> *Det er et bilde på veggen.*
> *Det er en penn på bordet.*
> *Det er ei bok på pulten.*

Det is also used with plural nouns:

> *Det er fem stoler her.*
> *Er det mange studenter i klassen?*

50

PRONOUN REVIEW

1. Circle the subject in each of the following sentences:

   a. Læreren sukker.

   b. Barna legger seg klokka ti.

   c. Gerd og Marit skriver til Anna og Per.

   d. Kommer Arne?

2. Underline the objects in these sentences:

   a. Mannen så barna.

   b. Mannen så på frimerkene.

   c. Åse kjøpte et hus.

   d. Jon må ringe til læreren.

   e. Hans sender brevene til guttene.

3. The following sentences in English are addressed to various people. What Norwegian word for 'you' would you use in each sentence, if you were translating into Norwegian?

   a. Pål, you weren't here yesterday.

      ------

   b. Jon and Helga, mother wants to talk to you. ------

   c. Ingrid, has Erik written to you?

      ------

   d. Torhild and Solveig, can you speak Norwegian? ------

4. Now continue to translate the rest of these sentences into Norwegian in your head, but write the translations for the pronouns underlined:

   a. We are sitting down. ------

   b. Aud lost her pens. She can't find them. ------ ------

   c. Kåre can understand us. ------

   d. Egil bought a newspaper. He is reading it now. ------ ------

   e. Could they write me a letter?

      ------ ------

51

Answer column:

a. Læreren

b. Barna

c. Gerd og Marit

d. Arne

a. barna

b. frimerkene

c. et hus

d. læreren

e. brevene, guttene

a. du

b. dere

c. deg

d. dere

a. Vi

b. Hun, dem

c. oss

d. Han, den

e. de, meg

When the object of a verb or a preposition is the same person or thing as the subject of the sentence, we say we are dealing with a REFLEXIVE pronoun (*et refleksivt pronomen*). In English, the suffix -self or -selves is used on reflexive pronouns. Reflexive pronouns are underlined below:

> John wrote himself a long letter.
> Are you writing a long letter to yourself?

In Norwegian, the reflexive pronouns take the same form as the object pronouns for 1st and 2nd person:

> *Jeg så på meg.*   'I looked at myself.'
> *Du så på deg.*   'You looked at yourself.'
> *Dere så på dere.*   'You looked at yourselves.'
> *Vi så på oss.*   'We looked at ourselves.'

For the 3rd person, however, the reflexive pronoun has a different form. For all 3rd person subjects, the reflexive pronoun is *seg*.

> *Han så på seg.*   'He looked at himself.'
> *Hun så på seg.*   'She looked at herself.'
> *Den så på seg.*
> *Det så på seg.*   'It looked at itself.'
> *Anne så på seg.*   'Anne looked at herself.'
>
> *De så på seg.*   'They looked at themselves.'
> *Jens og Anne så på seg.*   'Jens and Anne looked at
>   themselves.'

Did you notice that in the examples given above, *seg* is used with all 3rd person subjects: singular and plural, noun and pronoun, masculine, feminine, and inanimate?

Some verbs in Norwegian normally take a reflexive pronoun, but the English equivalent uses a non-reflexive construction:

> *å legge seg*   means 'to go to bed'
>
> *å like seg*   means 'to be happy or pleased'
>
> *å føle seg*   means 'to feel (at home or welcome)'

When the infinitives of these reflexive verbs are given in dictionaries or glossaries, the reflexive pronoun listed is *seg*. In sentences, of course, the proper reflexive pronoun is determined by the subject.

Cover this column while answering!

1. Reflexive pronouns are used when the objects refer to the same person or thing as the _____.

1. subject

2. Do these sentences use reflexive pronouns? (yes/no)

   a. John wrote himself a letter. _____

   a. yes

   b. John wrote him a letter. _____

   b. no

   c. We called them on the telephone._____

   c. no

   d. She wanted to buy herself a new car. _____

   d. yes

3. Do these Norwegian sentences use reflexive pronouns? (yes/no)

   a. Jeg kjenner deg. _____

   a. no

   b. Dere vasker dere. _____

   b. yes

   c. De ser på meg. _____

   c. no

   d. Føler du deg hjemme her? _____

   d. yes

   e. Arne pleier å legge seg klokka ti. _____

   e. yes

4. With which of the following subjects would you use the reflexive pronoun *seg?*

   jeg, hun, dere, piken, guttene, vi, Åse

   hun, piken, guttene, Åse

5. Fill in the appropriate reflexive pronouns:

   a. Vi ser _____ i speilet.

   a. oss

   b. Hunden vasker _____.

   b. seg

   c. Har dere penger med _____ i dag?

   c. dere

   d. Har Jens og Hans sett på _____ i speilet?

   d. seg

   e. Føler Jorunn _____ hjemme?

   e. seg

   f. Når legger du _____?

   f. deg

HUSET

I. SKRIV OM OG BRUK ORDENE I PARENTES:

0. Magne skriver med penn. (må)

Magne må skrive med penn.

1. Aud studerer kjemi. (vil)

2. Astrid leser mange bøker. (liker)

3. Egil forstår ikke Turid. (kan)

4. Åse er i Norge nå. (trenger)

5. Gjør Odd dette? (skal)

6. Hilser Bjørg på damen? (må)

7. Gutten snakker norsk. (lærer)

8. Elevene ser på klokka. (vil)

II. SKRIV OM OG BRUK 'LA':

0. Jeg vil stå.

La meg stå!

1. Hun vil lese dette.

2. Vi vil spise.

3. Han vil gå.

4. De vil legge seg.

5. Jeg vil stoppe her.

III. SETT INN DEN RIKTIGE FORMEN AV VERBET:

0. Vi __*spiser*___ middag nå. (å spise)

1. _____ Kjetil i Norge nå? (å bo)

2. Hva _____ du til middag i går? (å spise)

3. La dem _____ på stolene. (å sitte)

4. _____ du _____ i Amerika før? (å være)

5. Hvem _____ du i butikken i går? (å se)

6. Torhild _____ noen blyanter i går. (å ha)

7. Hvorfor _____ du ikke ekspeditøren? (å spørre)

8. Jeg kan ikke _____ før klokka tolv.
   (å legge seg)

9. _____ du _____ filmen før? (å se)

10. _____ Jorunn hjemme i går kveld? (å være)

IV. STRYK UT PRONOMENENE SOM IKKE PASSER:

0. Liv så (~~Jeg~~ / meg) i butikken i går.

1. (Han / Ham) har ikke sett (du / deg) i dag.

2. (Jeg / Meg) liker å være student.

3. (Vi / Oss) forstår (hun / henne) ikke.

4. (De / Dem) legger (de / dem / seg) klokka ni.

5. (Hun / Henne) liker (hun / henne / seg) i
   norsktimen.

6. Har (du / deg) sett (han / ham / seg) i
   speilet?

7. (Den / Det / De / Dem) er imponerende bilder.

8. Hva heter (du / deg)?

V. BRUK DEN RIKTIGE FORMEN AV EIENDOMSPRONOMENENE
'MIN', 'DIN', 'HANS' ELLER 'HENNES':

0. Har du et hus?

   Læreren kan ikke finne huset ditt.

1. Har han noen bøker?

2. Har jeg et kjøleskap?

3. Har hun ei tavle?

4. Har han fire glass?

5. Har jeg ei dør?

6. Har du noen brev?

7. Har jeg en blyant?

8. Har hun et fjernsyn?

VI. BRUK DEN RIKTIGE FORMEN AV EIENDOMSPRONOMENENE
     'VÅR', 'DERES' ELLER 'DERES':

0. Vi kjøper noen bilder.

    Bildene våre er imponerende.

1. De kjøper et skrivebord.

2. Dere kjøper en fabrikk.

3. Vi kjøper ei bok.

4. Dere kjøper et hus.

5. De kjøper noen hus.

6. Vi kjøper noen møbler.

7. Vi kjøper et kaffebord.

VII. BRUK EIENDOMSPRONOMENER I SVARENE:

0. Kan du finne bildene til Åse?

    Ja, her er bildene hennes.

1. Kan du finne blyantene til Leif?

2. Kan du finne fjernsynet til Egil og Helga?

3. Kan du finne platespilleren til Gerd?

4. Kan du finne tavla til gutten?

5. Kan du finne fisken til jenta?

6. Kan du finne huset til onkelen din?

59

VIII. **SETT STREK UNDER HELE SUBJEKTET OG SLÅ SIRKEL RUNDT DET BØYDE VERBET:**
Underline the entire subject and circle the conjugated verb:

0. <u>Kari og jeg</u> (liker) å spise ved 4-tiden.

1. Jeg så boka di på værelset ditt i går kveld.

2. Nordmenn pleier å holde gaffelen i venstre hånd.

3. Jorunn og Turid kommer ikke før klokka sju i morgen.

4. Han sukker, ser på papirene på skrivebordet og arbeider videre.

5. Åse har vært her før.

6. Forstår hun mye norsk allerede?

7. Skal vi ikke snakke norsk hjemme?

8. Vi må ikke gjøre dette her nå!

IX. SKRIV OM OG BEGYNN SETNINGENE MED ORDENE SOM ER GITT:
*Rewrite these sentences, beginning with the words
provided:*

A. Vi spiste fisk og poteter til middag i går kveld.

   0. Fisk og poteter   *spiste vi til middag i går kveld.*

   1. Til middag

   2. I går kveld

   3. Spiste

B. Nordmenn pleier å si "Takk for maten" etter et måltid.

   4. "Takk for maten"

   5. Etter et måltid

   6. Pleier

C. Dere vil ikke gjøre dette her nå.

   7. Nå

   8. Dette

   9. Her

   10. Vil

D. Vi legger oss ved elleve-tiden hos oss.

   11. Hos oss

   12. Ved elleve-tiden

   13. Legger

In an earlier review chapter (pp. 36-41), we saw that in
normal declarative sentences, the subject (S) comes before
the verb (V):

S   V

Han kommer til byen i morgen.

Questions use the order V--S: V   S

with interrogative: Når kommer han til byen?

V   S

without interrogative: Kommer han til byen?

One more aspect of word order will be discussed in this short
review chapter. A declarative sentence does not always start
with the subject. For emphasis or stylistic variation, we
can move another element to the first position in the
sentence. When this happens in Norwegian, the order of the
subject (S) and verb (V) is inverted from the normal S--V.
Below we will look at several types of elements which cause
inversion (*inversjon*) when they fill the first slot in the
sentence.

	1	2	
NORMAL	Vi	drikker	ofte kaffe i Norge.
INVERTED			
direct object	Kaffe	drikker	vi ofte i Norge.
adverb	Ofte	drikker	vi kaffe i Norge.
prepositional phrase	I Norge	drikker	vi ofte kaffe.

Notice that the V is always in slot 2. Remember that V
stands for the first part of a verb in a compound. In
sentences which have inverted V--S then, the S comes between
the two parts of the compound:

S   V
NORMAL   Han har vært i Norge før.

V   S
INVERTED   I Norge har han vært før.

V   S
Før har han vært i Norge.

The rules for *ikke* placement are the same as they are for questions:

$$\text{NORMAL} \quad \underset{\text{Han}}{\underline{S}} \quad \underset{\text{kommer}}{\underline{V}} \text{ ikke til byen i morgen.}$$

NORMAL   Ha̲n ko̲mmer ikke til byen i morgen.

                 Hu̲n vi̲l ikke se på fjernsyn nå.

INVERTED   I morgen ko̲mmer ha̲n ikke til byen.

                 Nå vi̲l hu̲n ikke se på fjernsyn.

FAMILIEN

I. ER SUBSTANTIVENE 'EN', 'EI' ELLER 'ET'?

	en	ei	et
0. hånd	●	0	0
1. par	0	0	0
2. brødskive	0	0	0
3. by	0	0	0
4. værelse	0	0	0
5. seng	0	0	0
6. frimerke	0	0	0
7. dame	0	0	0
8. jente	0	0	0
9. pike	0	0	0
10. vindu	0	0	0
11. dør	0	0	0

II. SKRIV SETNINGENE FERDIG:

1. Jeg har to foreldre: én _____ og én_____.

2. Du har fire søsken: to _____ og to _____.

3. Han har to bestemødre og to bestefedre.

   Han har fire _____.

4. Moren til Jorunn har to foreldre.

   Det er _____ og _____ til Jorunn.

5. Dere har ti barn: fem _____ og fem_____.

6. De har seks søskenbarn: tre _____ og tre_____.

65

III. SKRIV FORMENE SOM MANGLER:

ENTALL		FLERTALL	
UBESTEMT	BESTEMT	UBESTEMT	BESTEMT
0. en sønn	*sønnen*	*sønner*	*sønnene*
1. en far			
2.	moren		
3.		døtre	
4.			tantene
5. en onkel			
6.	fetteren		
7.		nieser	
8.			nevøene
9. en bror			
10.	barnet		
11. XXXXXXX	XXXXXXX	søsken	
12. XXXXXXX	XXXXXXX		foreldrene

IV. SKRIV OM OG BRUK PRONOMENER ISTEDENFOR NAVN:
*Rewrite, replacing names with pronouns. Make all other
changes necessary:*

0. Jens vil kjøpe boka til Anne.

   Han vil kjøpe boka hennes.

1. Leif har ikke sett Liv før.

2. Familien til Aud og Egil vil kjøpe huset til Åse.

3. Helga må snakke med læreren til Jens.

4. Bestefaren til Jorunn liker ikke Svein.

5. Har fetterne til Lars og Pål vært hjemme hos Gro?

6. Øystein og Eivind må skrive et brev til Turid og
   Kari.

7. Marit kjenner ikke Karin og Kari.

V. HVA MÅ VI KJØPE?

Til frokost liker vi å ____1.____ kaffe.

____2.____ hun mange penger når hun arbeider?

Ei brødskive med pålegg heter et ____3.____.

Det er et ____4.____ og en ____5.____ på badet.

Farfaren min og morfaren min er ____6.____ mine.

Nordmenn pleier å holde gaffelen i ____7.____ hånd.

Ha det ____8.____!

Til ____9.____ spiser vi egg.

Kusinene mine og fetterne mine er ____10.____ mine.

Ved 5-tiden pleier nordmenn å spise ____11.____.

JOURNALISTEN DAG KROGSTAD
SKRIVER OM FAMILIEN BAKKE

I. SVAR PÅ SPØRSMÅLENE:

0. Hvem er gift med faren hans?

   Moren hans er gift med faren hans.

1. Hvem er gift med mormoren hennes?

2. Hvem er søsteren til faren vår?

3. Hvem er barna til foreldrene dine (og <u>ikke</u> deg)?

4. Hvem er sønnene til tantene og onklene mine?

5. Hvem er faren til faren deres?

6. Hvem er barna til barna til Åse og Pål?

II. SKRIV SETNINGENE FERDIG:

0. Jeg legger meg alltid klokka elleve.

   Jeg legger meg alltid klokka elleve.

1. Du _____.

2. Mette _____.

3. _____ dere _____.

4. De _____.

5. _____ oss _____.

III. SKRIV SETNINGENE ETTER MØNSTERET, BRUK 'Å FØLE SEG
    HJEMME':

    0. Aud og Odd ønsker meg velkommen.

        Nå føler jeg meg hjemme.

    1. Aud og Odd ønsker ham velkommen.

    2. Aud og Odd ønsker oss velkommen.

    3. Aud og Odd ønsker henne velkommen.

    4. Aud og Odd ønsker dem velkommen.

    5. Aud og Odd ønsker dere velkommen.

    6. Aud og Odd ønsker deg velkommen.

IV. BRUK IMPERATIV:

    0. Vi skal studere seinere.

        Studer nå!

    1. Vi skal se på bøkene seinere.

    2. Vi skal spørre læreren seinere.

    3. Vi skal spise smørbrødet seinere.

    4. Vi skal si ordene seinere.

    5. Vi skal lage frokost seinere.

    6. Vi skal bruke tavla seinere.

    7. Vi skal være på skolen seinere.

V. SETT INN DEN RIKTIGE FORMEN AV VERBET:

1. Vil dere _____ Marit for meg? (to introduce)

2. Han _____ godt i går kveld. (to sleep)

3. Dere _____ at det er fjernsynet til læreren.
   (to know)

4. Liker du _____ besteforeldrene dine?
   (to visit)

5. La oss _____ henne som et barn. (to treat)

6. _____ ikke! Barna _____ nå.
   (to talk; to fall asleep)

7. Noen grønnsaker _____ bra her i Norge.
   (to grow)

8. _____ tennene før du _____!
   (to brush; to go to bed)

9. _____ hun _____ her ofte før? (to be)

10. Gerd og Unni _____ velkommen hos familien
    Hansen. (to feel)

11. _____ vi _____ i norsktimen?
    (may; to sleep)

12. Bestefaren hans er gammel, men han _____
    ennå. (to live)

VI. SETT INN PREPOSISJONENE SOM PASSER:

1. _____ første etasje er det et kjøkken og
   ei stue.

2. Bonden bor _____ en gård _____ landet.

3. Vi spiser frokost _____ 7-tiden.

4. Kåre arbeider _____ en fabrikk mens kona hans
   arbeider _____ en avis.

5. Hun liker å studere _____ et universitet.

6. De forstår engelsk, men vi skriver brev _____
   dem _____ norsk.

7. Har du vært hjemme _____ Kari?

8. Spiste du kjøtt eller fisk _____ middag i
   går?

9. Vi så viskelæret hans, men vi kan ikke finne
   blyanten _____ Solveig.

10. Læreren min er en mann _____ åtti-årene.

11. Barna dine tar henne _____ hånden mens de
    smiler _____ henne.

12. Elevene presenterer læreren _____ foreldrene.

13. Kusinen din ligner _____ Hans.

PÅ BESØK HOS FAMILIEN BAKKE

I. SETT STREK UNDER HELE SUBJEKTET OG SLÅ SIRKEL RUNDT DET BØYDE VERBET:

0. Pål og jeg (reiser) til Oslo i morgen.

1. Familien hennes liker å bo i byen.

2. Lisbet og Gunnar dyrker korn.

3. Der pleier korn å vokse bra.

4. Læreren til Gro må besøke foreldrene hennes.

5. Har du spist maten din?

6. Det er boka deres.

7. I Norge pleier vi å snakke norsk.

8. Sover Siri på et soveværelse i annen etasje?

9. Familien Roe så seg omkring på landet.

10. Bøker interesserer deg.

II. BRUK DET RIKTIGE EIENDOMSPRONOMENET:

0. Jeg trenger et viskelær.

   Hvor er viskelæret ditt?

1. Hun trenger en traktor.

2. Vi trenger ei dør.

3. Jeg trenger bilder.

4. Dere trenger et egg.

5. Du trenger skrivepapir.

6. De trenger søsken.

7. Ingeborg trenger en linjal.

8. Leif og Torleif trenger en avis.

9. Han trenger en skje.

10. Hun trenger et hus.

_____

III. SETT INN DET RIKTIGE PRONOMENET:

0. Liv står foran speilet. Hun ser _seg___ i det.

1. Jeg vil besøke Per og Ole, men først må jeg skrive

   til _____.

2. Ved 11-tiden legger vi _____.

3. Får jeg presentere Aud, eller kjenner du _____

   allerede?

4. Dere har ikke vært her før. Se _____ omkring!

5. Føler du _____ hjemme her?

6. Bjørg er hjemme. Liv kommer og besøker _____

   hjemme hos _____.

7. Arne liker _____ hjemme. Han pleier å sitte

   og lese hjemme hos _____.

8. Jeg kan ikke finne blyantene mine. Har du sett

   _____?

IV. SKRIV OM OG BRUK EIENDOMSPRONOMENER ISTENDENFOR
NAVNENE I PARENTES:

0. Lise leser boka (til Lise).

   Lise leser boka si.

1. Jens, bor brødrene (til Jens) i utlandet?

2. Hans, bor søstrene (til Jens) i Danmark?

3. Har du sett stabburet (til Ole og Åse)?

4. Lærer Hansen ser på avisen (til lærer Hansen).

5. Læreren (til Gro) må snakke med foreldrene (til Gro).

6. Kåre og datteren (til Kåre) er på besøk hos Kari og
   sønnen (til Kari).

7. Kan Siri og Lars finne pengene (til Siri og Lars)?

8. Familien (til Erik) ringer til Erik i morgen.

9. Det er soveværelset (til Anne).

V. SETT INN DEN RIKTIGE FORMEN AV VERBET I PARENTES:

1. I går _____ dere på en restaurant. (å spise)

2. Pleier Hans _____ i norsktimen? (å sove)

3. Vi har ikke _____ på boka di. (å se)

4. Han _____ det ofte nå. (å si)

5. Har du _____ hos familien Sten ennå? (å være)

6. _____ ordet 'imponerende'! (å stave)

7. Anna _____ slektningen sine i fjor. (å besøke)

VI. SKRIV GRUNNTALLENE OG ORDENSTALLENE:

	GRUNNTALL		ORDENSTALL
0.	5	*fem*	.5.	*femte*
1.	11		11.	
2.	6		6.	
3.	18		18.	
4.	23		23.	
5.	31		31.	
6.	92		92.	
7.	64		64.	
8.	88		88.	
9.	16		16.	
10.	20		20.	

VII. STRYK UT ORDET SOM IKKE PASSER:

0. Han føler (~~ham~~ / seg) velkommen.

1. Krogstad (vet / kjenner) ekteparet Bakke.

2. Torhild og jeg er på besøk hos søsteren
   (henne / hennes).

3. Vi besøker (henne / hennes).

4. Krogstad (vet / kjenner) at Bakke er bonde.

5. Dere skal reise til (både / begge) Sverige og
   Danmark.

6. Hva slags grønnsaker (dyrker / vokser) her?

7. (Både / Begge) jentene leser bøkene sine.

8. Slektningene mine (sa / så) seg omkring i byen.

9. (Hvor / Hvordan) mye koster alt dette?

10. Skal vi vekke (du / deg) ved 6-tiden?

11. Har du hatt (noe / noen) å drikke?

12. Hvorfor (ligger / legger) bøkene våre på golvet?

This review chapter will focus on several types of possessive constructions. Throughout this chapter, we will pay attention to the structure of phrases and sentences which use possessives. The first possessive construction you learned was used when the owner was mentioned by name:

> *boka til Jorunn*   'Jorunn's book'
> *blyantene til Svein*   'Svein's pencils'

This form can also be used when the owner is mentioned using a noun, instead of the name:

> *boka til guttene*   'the boys' book'
> *blyantene til læreren*   'the teacher's pencils'

We can write out a formula for this type of possessive construction showing the relationship between the owner and the item owned:

ITEM		OWNER
[ ]	*til*	[ ]
noun in definite		name or noun

Since it is often inconvenient to repeat the name of the noun which stands for the owner, we can use a possessive pronoun (*et eiendomspronomen*) in its place. We can say 'John's car,' or if it is clear we are talking about John, we could say 'his car.'

In Norwegian, some possessive pronouns have different forms depending on the gender and number of the item which is possessed. Other possessive pronouns have only one form, which is used for all genders, singular and plural.

First, we'll look at non-reflexive possessive pronouns, next at the invariable ones. Then we'll examine reflexive possessives.

The possessive pronouns for 'my' and 'your' (informal, singular) have similar forms, so we will look at them at the same time.

These forms are used when the speaker (first person) is the owner:

> *min* with *en* gender singular nouns
> *mi*   with *ei* gender singular nouns
> *mitt* with *et* gender singular nouns
> *mine* with all plural nouns.

For second person singular, informal, the forms used are:

> *din* with *en* gender singular nouns
> *di*   with *ei* gender singular nouns
> *ditt* with *et* gender singular nouns
> *dine* with all plural nouns.

These pronouns can be used in constructions like:

> *Huset mitt er der borte.*   'My house is over there.'
> *Blyanten din er på bordet.* 'Your pencil is on the table.'
> *Det er bøkene mine.*   'They are my books.'

The following formula shows how you form possessive constructions in which the owner is referred to with a pronoun:

         ITEM   OWNER

       noun in   possessive
       definite   pronoun

Notice that as in the previous formula we made up, the item which is owned is mentioned <u>before</u> the owner. Also in both, the item owned is in the definite. Compare English usage for both of these points:

> *huset til Jorunn*   *huset hennes*
> Jorunn's house   her house

These possessives can also stand alone, or predicatively, linked to a noun by a linking verb.

> *Blyanten er min.*   'The pencil is mine.'
> *Huset er ditt.*   'The house is yours.'
> *Bøkene er mine.*   'The books are mine.'

In this type of possessive construction also, the pronoun must agree in gender and number with the item possessed.

While there are four forms for *min* and *din*, there are only three for the possessive pronoun meaning 'our' or 'ours':

> *vår* is used for singular *en* and *ei* nouns
> *vårt* is used for singular *et* nouns
> *våre* is used for all plural nouns.

For example:

> *Det et stolen vår.*   'It is our chair.'
> *Det er klokka vår.*   'It is our clock.'
> *Det er bildet vårt.*   'It is our picture.'
> *Det er husene våre.*   'They are our houses.'

The rest of the non-reflexive possessive pronouns are invariable. They have only one form, which is used with all nouns, regardless of gender and number. *Hans* means 'his,' *hennes* 'her, hers,' *dens* and *dets* mean 'its,' *deres* means either 'your(s)' (owned by *dere*) or 'their(s)' (owned by *de*). *Deres* (with a capital <u>D</u>) means 'your(s)' (owned by *De*).

This chart summarizes all of the non-reflexive possessive pronouns as well as the corresponding subject and object personal pronouns:

	SINGULAR			PLURAL		
	SUBJ.	OBJ.	POSS.	SUBJ.	OBJ.	POSS.
1st person	*jeg*	*meg*	*min-mi-* *mitt-* *mine*	*vi*	*oss*	*vår-* *vårt-* *våre*
2nd person informal	*du*	*deg*	*din-di-* *ditt-* *dine*	*dere*	*dere*	*deres*
formal	*De*	*Dem*	*Deres*			
3rd person masculine	*han*	*ham*	*hans*	*de*	*dem*	*deres*
feminine	*hun*	*henne*	*hennes*			
inanimate						
en/ei et noun	*den*	*den*	*dens*			
et noun	*det*	*det*	*dets*			

POSSESSIVE PRONOUN REVIEW

Hints and Suggestions

1. The confusion which might arise between *deres* (meaning 'their'), *deres* (meaning 'your'--belonging to *dere*), and *Deres* which means 'your(s)'--belonging to *De*, is usually cleared up by knowing the context in which the possessive is used. We usually know what is under discussion, and can figure out if the item owned belongs to 'you' or 'them.'

2. The English pronoun 'her' has two functions: object and possessive. These have distinct forms in Norwegian: *henne* is the object form:

Jeg så henne.   'I saw her.'

hennes is the possessive form:

Det er boka hennes.   'It is her book.'

It might help you to remember that the possessive form *(hennes)* ends in -s, like all the other invariable possessive pronouns *(hans, deres)*.

3. English has two forms for some of the possessives: my/mine, your/yours, her/hers, our/ours, your/yours, their/theirs. When the possessive stands alone, without direct connection to the noun, the longer form (mine, yours) is used.

The picture is mine.
It is my picture.

This distinction is not made in Norwegian:

Bildet er mitt.
Det et bildet mitt.

4. Students who try to translate word-for-word will have the following problems:

	English	Norwegian
	my house	*huset mitt*
a. word order	owner first	item first
b. form of item	indefinite	definite
c. agreement with noun	none in English	necessary in Norwegian for some possessives *(min--mi--mitt--mine)*

POSSESSIVE PRONOUN REVIEW

Cover this column while answering!

1. In the possessive constructions we've been looking at, what form is the item in?

   indefinite   definite

   1. definite

2. Fill in the correct possessive pronouns. (The subject pronoun tells you who owns the item.)

   2.

   a. (jeg) blyanten ____; brevene _____; klokka _____.

   a. min; mine; mi

   b. (han) linjalen _____; senga _____; papiret _____.

   b. hans; hans; hans

   c. (vi) skolen _____; glassene _____; barnet _____.

   c. vår; våre; vårt

   d. (de) kontoret _____; pennene_____; stua _____.

   d. deres; deres; deres

   e. (hun) frimerket _____; bøkene _____; avisen _____.

   e. hennes; hennes; hennes

3. Would you use *henne* or *hennes* in translating these sentences?

	henne	hennes
a. <u>Her</u> family is in Norway.	0	0
b. The book is <u>hers</u>.	0	0
c. I bought a flower for <u>her</u>.	0	0
d. Give me <u>her</u> pen.	0	0
e. Give <u>her</u> my pen.	0	0

   a. hennes
   b. hennes
   c. henne
   d. hennes
   e. henne

4. How do you say 'Pål's table'?_____

   'our table' _____

   'your table' (du) _____

   'your table' (dere) _____

   4. bordet til Pål
   bordet vårt
   bordet ditt
   bordet deres

There is a special set of possessive pronouns in Norwegian which is used when an item is possessed by the subject of the sentence, and that subject is in the third person. (You recall the special reflexive pronoun *seg*, discussed on pp. 52-53.)

The reflexive possessive pronouns (*et refleksivt eiendomspronomen*) *sin--si--sitt--sine* are used whenever an item is owned by the subject of the sentence, which is in the third person. Depending on the subject, these reflexive possessives can mean 'his,' 'her(s),' 'its,' 'their(s).' The form of this pronoun must agree in gender and number with the possessed item(s), in just the same way that the forms *min--mi--mitt--mine* must agree with the possessed item.

Pay attention to these sample sentences and their meanings (the subjects are underlined in all examples below):

> *Pål skriver til fetteren sin.*
> > 'Pål is writing to his cousin.'

> *Marit ringer til barnet sitt.*
> > 'Marit is calling her child.'

> *De liker å besøke slektningene sine.*
> > 'They like to visit their relatives.'

Now consider this English sentence:

> Olav gave Odd his book.

We don't really know whose book Odd got: Olav's, Odd's, or someone else's. But the Norwegian sentence:

> *Olav gav Odd boka si*

tells us immediately that it is Olav's book, because *si*, the reflexive possessive pronoun can only be used when the owner is the subject of the sentence. On the other hand, the sentence:

> *Olav gav Odd boka hans*

can only mean that the book Odd got was not Olav's.

Hints and Suggestions

Remember that when the reflexive possessive is used, the subject of the sentence owns the object. Therefore, a reflexive possessive can never be used <u>in</u> the subject of the sentence. You cannot use a form of *sin* in sentences like:

<u>His</u> <u>brother</u> lives here.
<u>Jens</u> <u>and</u> <u>his</u> <u>brother</u> live here.

You also cannot use a form of the reflexive possessive in sentences in which *det* is the subject (unless it clearly stands for some noun which is the owner of an item). Sentences like the following would never have a form of *sin*:

<u>Det</u> *er blyanten hennes.*	'It is her pencil.'
<u>Det</u> *er bildene deres.*	'They are their pictures.'

When you are trying to decide if a reflexive pronoun (*seg*) or a reflexive possessive (*sin, si, sitt, sine*) should be used in a sentence, you must first know exactly what the entire subject of the sentence is. If the subject is the same person or thing as the object, and the subject is in the third person, you should use *seg*. If the subject is the owner of the item, and is in the third person, use the reflexive possessive, *sin, si, sitt,* or *sine*.

Cover this column
while answering!

1. Underline the entire subject in these sentences:

   a. Harald is talking to his mother.   *a. Harald*

   b. Harald and his mother are talking.   *b. Harald and his*
                                                   mother
   c. It is his mother.   *c. It*

   d. You are talking to your mother.   *d. You*

2. If you translated the sentences in 1. into Norwegian, which of them would use the reflexive possessive *sin?*

           a.   b.   c.   d.   *2. only a.*

3. Can the reflexive possessive appear as part of the subject?

           yes   no   *3. no*

4. What would *si* mean in English if you translated these sentences: *4.*

   a. Hun finner klokka si.   *a. her*

   b. Hans finner klokka si.   *b. his*

   c. De finner klokka si.   *c. their*

   d. Læreren finner klokka si.   *d. his*

   e. Kari og Anna finner klokka si.   *e. their*

87

TURIST I OSLO

I. ER SUBSTANTIVENE 'EN', 'EI' ELLER 'ET'? SKRIV OGSÅ
   UBESTEMT FLERTALL FOR HVERT ORD:

	en	ei	et		ubestemt	flertall
0.	●	O	O	penn	*penner*	
1.	O	O	O	menneske		
2.	O	O	O	barnebarn		
3.	O	O	O	søster		
4.	O	O	O	bonde		
5.	O	O	O	onkel		
6.	O	O	O	kusine		
7.	O	O	O	fetter		
8.	O	O	O	datter		
9.	O	O	O	sønn		
10.	O	O	O	far		
11.	O	O	O	ord		
12.	O	O	O	klokke		
13.	O	O	O	skje		
14.	O	O	O	fabrikk		
15.	O	O	O	værelse		
16.	O	O	O	skrivebord		
17.	O	O	O	kelner		
18.	O	O	O	kone		

II. FYLL INN FORMENE SOM MANGLER:

| | ENTALL | | FLERTALL | |
	UBESTEMT	BESTEMT	UBESTEMT	BESTEMT
0.	en uke	*uken*	*uker*	*ukene*
1.	et barn			
2.		læreren		
3.			senger	
4.				årene
5.	en nordmann			
6.		programmet		
7.			museer	
8.				dørene
9.	et teater			
10.		hotellet		
11.			ting	

90

III. HVA ER SPØRSMÅLET? STILL SPØRSMÅL OM DEN
UNDERSTREKEDE DELEN AV SVARET:
Ask about the underlined part of the answer:

0. _Når reiser hun___? Hun reiser den 6. oktober.

1. _____? Egg spiste vi til frokost.

2. _____? Jeg sov bra, takk.

3. _____? Jens bor på landet.

4. _____? Sonja er trettifem år gammel.

5. _____? Jeg vil presentere Olav for deg.

6. _____? Solveig leser interessante bøker.

7. _____? Han holder gaffelen i venstre hånd.

IV. BRUK FLERTALL I SVARENE:

0. Jeg spiser et rødt eple.

Røde epler spiser vi også.

1. Jeg besøker et stort museum.

2. Jeg ser på en interessant ting.

3. Jeg bruker et dyrt kjøkkenbord.

4. Jeg har en fin penn.

5. Jeg bor på et fullt hotell.

6. Jeg tar et bilde av en høy bygning.

7. Jeg lager en fin statue av Karl Johan.

V. BRUK ENTALL I SVARENE:

0. Har du noen billige flagg?

   Jeg har bare ett billig flagg.

1. Ser du på noen moderne bygninger?

2. Leser du noen lange bøker?

3. Spiser du noen saftige appelsiner?

4. Kjenner du noen hyggelige steder?

5. Gjør du noen imponerende ting?

6. Kjøper du noen nye kjøleskap?

7. Går du i noen norske teatre?

VI. SETT INN ADJEKTIV SOM PASSER. BRUK IKKE NOE ADJEKTIV MER ENN ÉN GANG: *Fill in fitting adjectives. Do not use an adjective more than once.*

1. Vi har et _____ værelse på et _____ hotell.

2. Eplene er _____ og _____.

3. Jeg må kjøpe en _____ blomst.

4. Vi så et _____ skuespill i et _____ teater.

5. Alle _____ kafeer er _____.

6. Oslo har to _____ torg.

7. En _____ bygning ligger ved siden av en _____ park.

billig
deilig
dyr
fargerik
fin
full
grønn
hvit
høy
interessant
lang
norsk
ny
populær
rimelig
rød
stor

VII. HVOR MANGE NORSKE ORD KAN DU FINNE?

```
o v f e t t e r e i s e r
m i d d a g b o k k e o ø
k l e v k u e n e k i s d
r s t e l l e k j e n t e
i a t d y t i d o q e å r
n f j ø s p ø r r e r æ e
g t a r i m e l i g e p s
```

vannrett	loddrett
0. *reise*	0. *vil*

93

MER OM OSLO

I. FYLL INN ORDENE SOM MANGLER:

0. (stor) _ei_ _stor_ klokke, _et_ _stort_ hus,

   _en_ _stor_ vegg, _noen_ _store_ katter

1. (norsk) _____ _____ bok, _____ _____ student,

   _____ _____ smørbrød, _____ _____ slektninger

2. (ny) _____ _____ stuer, _____ _____ park,

   _____ _____ teater, _____ _____ tavle

3. (billig) _et_ _____ fjernsyn, _____ _____

   møbler, _____ _____ seng, _____ _____ linjal

4. (grønn) _____ _____ plante, _____ _____ pære,

   _____ _____ klær, _____ _____ teppe

5. (kjent) _noen_ _____ skuespill, _____ _____ sted,

   _____ _____ kvinne, _____ _____ dagbok

6. (moderne) _____ _____ spisestue, _____ _____

   lys, _____ _____ platespiller, _____ _____

   bilder

II. SVAR SLIK PÅ SPØRSMÅLENE:

0. Var du der i går?

   Nei, men jeg går dit nå.

1. Var du nede i går?

2. Var du oppe i går?

3. Var du ute i går?

4. Var du hjemme i går?

5. Var du inne i går?

6. Var du borte i går?

7. Var du der inne i går?

8. Var du der borte i går?

9. Var du der nede i går?

10. Var du der ute i går?

III. STRYK UT ORDENE SOM IKKE PASSER:

0. Vi liker å sitte (der nede / ~~dit ned~~) ved havna.

1. Arbeider du (der inne / dit inn) ?

2. Vi pleier å sove (her oppe / hit opp) .

3. Han reiser (borte / bort) i morgen.

4. Vil dere ta bussen (hjemme / hjem) ?

5. Besteforeldrene hans bor (her ute / hit ut) .

6. Vi må ikke gjøre dette (her nede / hit ned) .

7. Så du skipet (der borte / dit bort) ?

8. Kan du komme (her / hit) et øyeblikk?

9. (Der / Dit) skal jeg sitte og lese avisen.

10. Har hun vært (hjemme / hjem) hele dagen?

11. Ligger papirene (der / dit) på golvet?

12. Vi gikk (inne / inn) i butikken.

IV. SKRIV OM OG BRUK IMPERFEKTUM:

Vi har det hyggelig. Vi tar båten ut til Bygdøy og ser
oss omkring litt. Ute på Bygdøy er det mange mennesker og
noen sier at alle restaurantene er fulle. Vi sier at vi er
sultne, men vi går til Vikingskipmuseet for å se skipene.
Vi besøker også noen andre museer. Vi kommer hjem seinere,
spiser god mat og sover bra.

V. BRUK DISSE SUBSTANTIVENE MED ADJEKTIV, LAG SETNINGER:

0. jente / klær   *Ei pen jente kjøper nye klær.*

1. skip / havn

2. spillemann / hardingfele

3. statue / teater

4. værelse / teppe

5. mat / kafé

6. journalist / land

VI. SKRIV FERDIG DISSE SETNINGENE:

0. Hvorfor må vi   *besøke farfar i dag?*

1. Nordmenn pleier å

2. I annen etasje

3. Presenter

4. I fjor

5. Norske hoteller

6. Her nede ved havna

7. Turistene på Bygdøy

8. Når skal du

9. Der borte

MER OM MAT OG SPISESKIKKER I NORGE

I. FYLL INN ORDENE SOM MANGLER:

0. (fin) _et_ _fint_ glass, _en_ _fin_ dag,

   _ei_ _fin_ bok, _noen_ _fine_ frimerker

1. (trøtt) _____ _____ ku, _____ _____ menneske,

   _____ _____ gutter, _____ _____ kelner

2. (morsom) _____ _____ opplevelser, _____ _____

   jente, _____ _____ kveld, _____ _____ besøk

3. (liten) _____ _____ by, _____ _____ teatre,

   _____ _____ slott, _____ _____ halvøy

4. (viktig) _____ _____ kvinner, _____ _____

   måltid, _____ _____ stue, _____ _____ gris

5. (gammel) _____ _____ dagbok, _____ _____ nevø,

   _____ _____ universitet, _____ _____ møbler

6. (norsk) _____ _____ bunad, _____ _____ øy,

   _____ _____ lærere, _____ _____ tre

7. (annen) _____ _____ kafé, _____ _____ teater,

   _____ _____ brødskive, _____ _____ bønder

(I. FYLL INN ORDENE SOM MANGLER-- FORTSATT)

8. (sulten) _____ _____ hund, _____ _____ katter,

_____ _____ ku, _____ _____ dyr

9. (ny) _et_ _____ år, _____ _____ bøker,

_____ _____ pult, _____ _____ dør

10. (interessant) _____ _____ jobb, _____ _____ kone,

_____ _____ dansere, _____ _____ museum

II. STRYK UT ORDET SOM IKKE PASSER:

0. Grønnsaker (~~dyrker~~ / vokser) bra i Norge.

1. Hvor (ligger / legger) Nationaltheatret?

2. Snart må dere (ligge / legge) dere.

3. Han (sitter / setter) i lenestolen.

4. Pleier du å (ligge / legge) bøkene på senga?

5. Hvorfor (sitter / setter) Sigrid seg på sofaen?

III. SETT INN DET REFLEKSIVE PRONOMENET OM DET TRENGES:
Add the reflexive pronoun if necessary:

0. Vi så __oss_ omkring i sentrum.

1. Hun legger _____ avisen på skrivebordet.

2. Jeg setter _____ ved kaffebordet.

3. Åse sitter _____ ved kjøkkenbordet.

IV. SKRIV OM OG BRUK PERFEKTUM:

0. Jeg hadde noen interessante opplevelser.

   Jeg har hatt noen interessante opplevelser før.

1. Vi tok bussen dit ut.

2. Gjestene hans kom på besøk.

3. Du var ikke ute på Bygdøy.

4. Tor og Tore spiste grønnsakene sine.

5. De besøkte henne ikke.

6. Turistene gikk hele veien opp til toppen.

7. De kom dessverre ikke ned.

V. SETT INN PREPOSISJONENE SOM MANGLER:

1. Tromsø ligger nord _____ Oslo.

2. Vi reiser til Sverige _____ juli.

3. Kristine så et skuespill _____ Ibsen.

4. Klokka er ti _____ elleve. (10.50)

5. Han kommer _____ besøk _____ lørdag.

6. Mannen står _____ høyre _____ kona si.

7. Alle gjestene pleier å smake _____ desserten.

8. Barna har lyst _____ å lage middag.

9. Foreldrene har lyst _____ noe å drikke.

10. Forsyn dere _____ sausen!

11. Han har et fint værelse _____ hotellet.

12. Søsknene våre bor _____ utlandet

VI. KRYSSORD

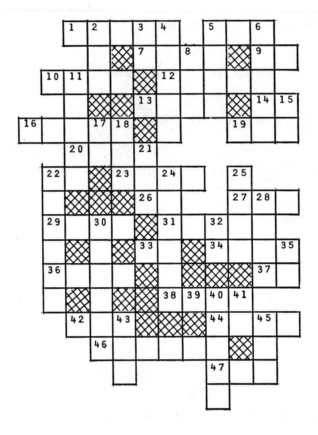

VANNRETT *(across)*

¹motsatt *(opposite)* av *venstre*

⁵far og _____

⁷motsatt av *nede*

⁹Til dessert har jeg lyst på _____.

¹⁰presens av *skulle*

¹²Julius Cæsar kunne ikke snakke norsk. Han kunne snakke _____.

¹³En _____ er en mann som har gjester på besøk hos seg.

¹⁴infinitiv av *gikk*

¹⁶søsteren til mor eller far

¹⁹motsatt av *her*

²⁰sønnen til broren eller søsteren

²²infinitiv av *så*

²³Jeg skal _____ mange penger fra bestemoren min.

²⁶_____ ku

²⁷_____ legger du deg? Jeg legger meg kl. 10.

²⁹motsatt av *stort*

³¹Mange vet om hotellet. Det er et _____ hotell.

³³motsatt av *inn*

³⁴Det du sa var riktig. Du hadde _____.

³⁶motsatt av *sør*

³⁷_____ pære

³⁸partisipp av *å gå*

⁴²Jeg tar et smørbrød med skinke og _____.

⁴⁴Jeg arbeider. Jeg har en _____.

⁴⁶10. (ordenstall)

⁴⁷Jeg er mett. Jeg har spist _____.

LODDRETT *(down)*

²Vi tok båten dit ut til _____.

³Ta det med _____!

⁴I Norge spiste vi røde, grønne og gule _____.

⁵Jeg er forsynt. Jeg er _____.

⁶Han pleier å _____ før han kommer.

⁸Jeg vil ha et _____ smørbrød.

¹¹imperfektum av *kan*

¹⁵Det er tolv måneder i et _____.

¹⁷Kaffe eller _____?

¹⁸Adam var gift med _____.

²¹I Norge bruker vi kroner og _____.

²²Vi har lyst til å spise. Vi er _____.

²⁴Det er _____ å lære alle ordene.

²⁵motsatt av *ute*

²⁸8 (grunntall)

³⁰Noen som besøker et annet sted er en _____.

³²presens av *å være*

³⁵10 (grunntall)

³⁹Vi kom for _____ spise.

⁴⁰Liker han å _____ mange penger når han arbeider?

⁴¹2 (grunntall)

⁴³Smil _____ gjestene!

⁴⁵motsatt av *foran*

TURIST I BERGEN

I. BRUK RIKTIG FORM AV 'GOD' OG 'LITEN' I SVARENE:

0. Hvordan er blyanten?

   Det er en god, men liten blyant.

1. Hvordan er eplet?

2. Hvordan er klærne?

3. Hvordan er kommoden?

4. Hvordan er bildet?

5. Hvordan er boka?

6. Hvordan er veggmaleriene?

II. BRUK BESTEMT FORM AV SUBSTANTIVENE:

0. Byen er stor.

   Jeg ser den store byen.

1. Lampa er rød.

2. Skipet er fint.

3. Barna er trøtte.

4. Bøkene er nye.

5. Bildet er pent.

6. Kafeen er full.

III. SKRIV OM MED FLERTALL:

0. Båten er tysk.

   Alle båtene er tyske.

1. Fiskeren er sulten.

2. Dagen er grå.

3. Bergenseren er morsom.

4. Hotellet er dyrt.

5. Skipet er gammelt.

6. Gata er vakker.

7. Boka er interessant.

IV. SKRIV OM OG BRUK RIKTIG FORM AV 'LITEN':

0. Jeg liker store hus.

   Jeg liker ikke små hus.

1. T.V.-stua er stor.

2. Vi reiser med det store toget.

3. Vi ville kjøpe en stor fabrikk.

4. Vi så den store parken og de store kafeene.

5. Hun spiste et stort eple.

V. SKRIV OM OG BRUK IMPERFEKTUM:

Jeg må fortelle deg det! Jeg ser noe morsomt der borte. Det er et stort vikingskip som jeg vil se litt bedre på. Det har et rart dragehode og ser ut som et stort gammelt dyr. Jeg går opp til skipet. Det står en gammel mann ved skipet, og han sier at bestemoren hans er der inne. Han får ikke snakke med henne. Jeg har lyst til å gå, men jeg tar allikevel et bilde. Vil bestemoren til den gamle mannen komme ut? Spiser hun og sover hun inne i skipet? Skriver hun ei lang bok, kanskje?

VI. BRUK RIKTIGE EIENDOMSUTTRYKK:

0. Jeg kjøper en gård.
   Hvor er gården din?

0. Læreren kjøper ei hytte.
   Hvor er hytta til læreren?

1. Hun kjøper noen bøker.

2. Dere kjøper en båt.

3. Ingrid kjøper et dragehode.

4. De kjøper et hus.

VII. SKRIV SETNINGENE FERDIG:

1. Bergen er en stor by som _____.

2. Jeg ser en mann der borte som _____.

3. Folk som kommer fra Norge _____.

VIII. SVAR SLIK PÅ SPØRSMÅLENE:

0. Ser du den store båten?

   Ja, den er meget stor.

1. Ser du det grønne treet?

2. Ser du den rare stua?

3. Ser du det høye fjellet?

4. Ser du den vakre brygga?

5. Ser du det gamle slottet?

IX. BRUK EIENDOMSUTRYKK BÅDE MED OG UTEN ADJEKTIV:

0. Jeg har et hus.   Jeg har et rødt hus.

   Det er huset mitt.   *Det er det røde huset mitt.*

1. Hun har en avis.   Hun har en norsk avis.

2. Vi har noen radioer.   Vi har noen dyre radioer.

3. Han har en linjal.   Han har en lang linjal.

4. Olsen har en gård.   Olsen har en liten gård.

Adjectives *(et adjektiv)* are words which modify nouns. They can describe, define, or tell us something more about the noun. Words like 'big,' 'juicy,' and 'delicious' are adjectives.

In English, an adjective has the same form regardless of which noun it modifies. There is no difference for singular or plural, indefinite or definite nouns. In Norwegian, adjectives are said to "agree" with the noun. Most adjectives have several forms. The proper choice of form depends on the noun's gender, number, and whether the noun is definite or indefinite.

The dictionary form or base form of an adjective is the form used to modify indefinite singular *en* nouns. For most adjectives, the other forms are composed of the base form plus an ending.

We will look first at adjectives which follow the most general pattern, then at the adjectives which follow other patterns.

Adjectives in this first and most regular group have three different forms. As mentioned above, the dictionary form is used to modify indefinite singular *en* nouns:

>   *en god blyant.*

The same form is also used to modify singular, indefinite *ei* nouns:

>   *ei god bok.*

There are only two adjectives (which we will deal with later) which have separate forms for *en* and *ei* nouns.

The second form for these regular adjectives is used for modifying indefinite singular *et* nouns. This form is composed of the base form plus -*t*:

>   *et godt hus.*

Adjectives which modify indefinite plural nouns add an -*e* to the base form of the adjective. The gender of the noun is not relevant in forming the adjective in the plural:

>   *gode blyanter*
>   *gode bøker*
>   *gode hus.*

The three forms of an adjective used to modify indefinite nouns are:

1. base form, used for indefinite singular *en* and *ei* nouns — PEN
2. base form + *t*, used for indefinite singular *et* nouns — PENT
3. base form + *e*, used for all indefinite plural nouns — PENE

These indefinite forms which we have been looking at are
used when the adjective plus noun form one unit, like

      et godt hus.

They are also used when the noun and adjective are joined
through a linking verb. In sentences like

      Huset er godt

the adjective is used predicatively. Here, the adjective is
introducing new information about the noun, not just describ-
ing it, as in

      et godt hus.

Even though *huset* in the sentence above is definite, we use
the indefinite form of the adjective, *godt*.

After the review questions on the next page, we will turn our
attention to adjectives which are used to modify definite
nouns. In other words, we know how to say 'a pretty flower'
and now we want to say 'the pretty flower.'

The form of the adjective is quite simple, as we will see,
but the structure of the adjective + noun phrase needs
closer scrutiny.

Cover this column
while answering!

1. Which of the following words are <u>not</u>
   adjectives?

> boat
> however
> tall
> oh!

not adjectives:
boat
however

oh!

2. Since the noun will determine which
   form of an adjective must be used,
   let's look at the relevant aspects
   of some nouns. Mark all appropriate
   circles:

	en	ei	et	sing	pl	indef	def
a. fjernsynet:	0	0	0	0	0	0	0
b. døtrene:	0	0	0	0	0	0	0
c. bilder:	0	0	0	0	0	0	0
d. ei stue:	0	0	0	0	0	0	0

Answer column:

	e n	e i	e t	s g	p l	i n d	d e f
a	○	○	●	●	○	○	●
b	●	○	○	○	●	○	●
c	○	○	●	○	●	●	○
d	○	●	○	●	○	●	○

3. The dictionary form for 'expensive'
   is <u>dyr</u>.

   How do you say 'an expensive hotel'?

   "   "   "   " 'an expensive lamp'?

   "   "   "   " 'expensive tables'?

   "   "   "   " 'expensive buildings'?

   "   "   "   " 'an expensive building'?

et dyrt hotell

ei dyr lampe

dyre bord

dyre bygninger

en dyr bygning

4. What does <u>fulle</u> <u>gater</u> mean?

   <u>et</u> <u>fint</u> <u>bilde</u>?

   <u>ei</u> <u>hvit</u> <u>dør</u>?

   <u>høye</u> <u>fjell</u>?

full streets

a fine picture

a white door

high mountains

5. Since <u>fjell</u> has the same form in both
   singular and plural, how could you
   decide which to use in the trans-
   lation of <u>høye</u> <u>fjell</u>, above?

-e in høye
indicates that
it is modifying
a plural noun

Except in the rarest of cases, the form of an adjective that modifies a definite noun is identical to the form of the adjective that modifies an indefinite plural noun. You will recall that for the regularly formed adjectives we have been looking at, the plural form of the adjective has an -e added to the base form. Thus the form *gode* would be used for both plural indefinite nouns and for all definite nouns.

As you know, nouns form their definite singular and plural forms by adding suffixes in Norwegian:

bygningen	'the building'
døra	'the door'
eplet	'the apple'
pærene	'the pears.'

When these nouns are modified by adjectives, an "extra" definite article is added as a free-standing definite article before the adjective. *Den* is used for *en* and *ei* singular nouns, *det* for singular *et* nouns, and *de* for all plural nouns:

den	*store*	*bygningen*	'the big building'
den	*store*	*døra*	'the big door'
det	*store*	*eplet*	'the big apple'
de	*store*	*pærene*	'the big pears.'

These free-standing definite articles are used only when there is an adjective present. Some students tend to forget that nouns in the definite <u>without</u> adjectives do <u>not</u> use the "extra" definite article.

You may find it helpful to think of these three components when you form an adjective + definite noun phrase:

1. the free-standing definite article (*den, det* or *de*),
2. the adjective, formed in most cases by adding -e to the base form, and
3. the noun in the definite, with its normal definite suffix (*-en, -a, -et,* or *-ene*).

1. Let's review the suffixed endings used to form definite nouns:

   How do you say 'the house'?

   huset

   'the houses'?

   husene

   'the boat'?

   båten

   'the boats'?

   båtene

   'the pear'?

   pæra

2. Add the proper endings to these adjectives:

   pen___ værelser

   -e

   høy___ bygninger

   -e

   populær___ steder

   -e

   In general, adjectives modifying plural nouns add what to their base forms? ___

   -e

3. How do you say 'a big house'?

   et stort hus

   'the big house'?

   det store huset

   'the big houses'?

   de store husene

   'the houses'?

   husene

   (If you were tempted to use two Norwegian words for 'the houses,' you have begun to translate word-for-word. Re-read the sections about definite noun formation in the noun review chapter, and on the previous page.)

4. Fill in the missing parts to these adjective + definite noun phrases:

I.	II.	III.
____	rød__	eplet
den	fargerik__	blomst___
____	dyr__	hotellene

I.	II.	III.
det	*-e*	
	-e	*-en*
de	*-e*	

115

Several spelling conventions affect the forms of a few
plural and definite adjectives. (A later review chapter will
take up these spelling conventions in more detail.)
Note that in these adjectives, the plurals and definites
are slightly irregular:

> *en morsom mann*   'an amusing man'
> *morsomme menn*   'amusing men.'

The *m* is doubled before adding the regular ending -*e*.

Adjectives like *sulten* show the following irregularity:

> *en sulten turist*   'a hungry tourist'
> *sultne turister*   'hungry tourists.'

In *sultne*, the unstressed -*e* from the base form *sulten* is
dropped when the ending -*e* is added.

The same loss of unstressed -*e* occurs in:

> *en vakker dag*   'a beautiful day'
> *den vakre dagen*   'the beautiful day.'

In this case (as in *gammel* - *gamle*) one of the double con-
sonants is also dropped from the base form.

Up to this point in this chapter, we have been talking about
adjectives which have three different forms. Now we look at
the remaining types of adjectives. Most of them have fewer
than three forms (because several functions share a single
form). But we'll begin with two adjectives which have more
than three forms.

The adjective which means 'little' has five (count 'em)
different forms, and therefore requires special attention:

> *liten* modifies indefinite singular *en* nouns,
> *lita*   "   "   "   *ei*   "   ,
> *lite*   "   "   "   *et*   "   ,
> *lille*   "   all definite singular nouns, and
> *små*   "   all plural nouns (definite and indefinite).

Compare the forms used in these phrases:

> *en   liten gutt*   'a little boy'
> *ei   lita jente*   'a little girl'
> *et   lite barn*   'a little child'
> *den lille gutten*   'the little boy'
> *den lille jenta*   'the little girl'
> *det lille barnet*   'the little child'
>   *små   gutter*   'little boys'
> *de   små   jentene*   'the little girls'
>   *små   barn*   'little children'
> *de   små   barna*   'the little children'

*Cover this column
while answering!*

What type(s) of noun can these adjectives
  modify?

	en	ei	et	sg	pl	ind	def			e n	e i	e t	s g	p l	i n d	d e f
1. høyt	0	0	0	0	0	0	0			0	0	●	●	0	●	0
2. rød	0	0	0	0	0	0	0			●	●	0	●	0	●	0
3. dyre A.	0	0	0	0	●	0	0			●	●	●	0	●	●	●
B.	0	0	0	0	0	0	●			●	●	●	●	●	0	●

4. Do you have to know the gender of a
   noun to form an adjective which
   modifies it in the plural?

   YES   NO

*No, regular ad-
jectives add -e
to the base form
for plurals*

5. What type of noun can these forms of
   liten modify?

	en	ei	et	sg	pl	ind	def			e n	e i	e t	s g	p l	i n d	d e f
lite	0	0	0	0	0	0	0			0	0	●	●	0	●	0
lita	0	0	0	0	0	0	0			0	●	0	●	0	●	0
små	0	0	0	0	0	0	0			●	●	●	0	●	●	●
liten	0	0	0	0	0	0	0			●	0	0	●	0	●	0
lille	0	0	0	0	0	0	0			●	●	●	●	0	0	●

6. How do you say 'a little school'?   *en liten skole*

   'the little apples'?   *de små eplene*

   'little apples'?   *små epler*

   'the little clock'?   *den lille klokka*

   'a little island'?   *ei lita øy*

   'a little cafe'?   *en liten kafé*

   'the little prince'?   *den lille prinsen*

7. How do you spell the plural form for
   gammel?   *gamle*

8. How do you spell the definite form for
   morsom?   *morsomme*

117

The adjective *annen* has four forms. Like *liten*, it has
distinct forms for indefinite singular *en* and *ei* nouns.
But unlike *liten*, the form for the plural is identical to
the form for the definite:

en annen gutt	'another boy'
ei anna jente	'another girl'
et annet barn	'another child'
andre gutter	'other boys'
den andre jenta	'the other girl'
de andre barna	'the other children.'

Now we'll turn our attention to adjectives which have fewer
than three forms. Many adjectives end in *-ig* or in *-lig*.
These adjectives have only two forms. The base form is used
to modify <u>all</u> indefinite singular nouns. There is not the
usual distinction between the form for *en* and *ei* nouns, on
the one hand, and *et* nouns on the other. No *-t* is added to
the base form when *-ig* or *-lig* adjectives modify *et* nouns:

en hyggelig gutt	'a pleasant boy'
ei hyggelig jente	'a pleasant girl'
et hyggelig barn	'a pleasant child.'

The form for the plural and definite follows the general
pattern we discussed previously:

hyggelige gutter	'pleasant boys'
den hyggelige jenta	'the pleasant girl'
de hyggelige barna	'the pleasant children.'

Most adjectives which end in *-sk* do not add a *-t* to the
base form when they modify indefinite singular *et* nouns.
There are, however, some *-sk* adjectives which do add the
regular *-t*. Here is the rule to determine whether or
not a *-t* should be added:

> Do not add *-t* when:
>
> > 1. the adjective describes a nationality
> >
> > or
> >
> > 2. the adjective has more than one syllable.

Adjectives whose base forms end in a *-t* preceded by a vowel
are regular:

en hvit bygning	'a white building'
ei hvit lampe	'a white lamp'
et hvitt teppe	'a white rug'
hvite vegger	'white walls'
den hvite blomsten	'the white flower.'

But Norwegian avoids three consonants in a row, whenever
possible. So if the base form of an adjective ends in a *-t*
which is preceded by a consonant, no new *-t* is added when the
adjective modifies an indefinite singular *et* noun:

en trøtt gutt	'a tired boy'
ei trøtt jente	'a tired girl'
et trøtt barn	'a tired child.'

There is no problem with adding the usual *-e* when the adjective modifies plural or definite nouns:

trøtte gutter	'tired boys'
den trøtte jenta	'the tired girl'
de trøtte barna	'the tired children.'

Adjectives which end in a stressed vowel require a little attention. They all add *-tt* instead of just a single *-t* when they modify indefinite singular *et* nouns:

et nytt hus	'a new house'
et blått flagg	'a blue flag.'

But some don't add the regular *-e* for the plural and definite form, while others do:

nye klær	'new clothes'
blå klær	'blue clothes'
den grå byen	'the gray city.'

It is easier to memorize the forms for the few adjectives like this rather than try to find well-defined rules to predict which take *-e* and which don't.

We'll end this review chapter by mentioning several adjectives (*imponerende, stille,* and *moderne)* which have only one form. These invariable adjectives all end in an unstressed *-e*, and the base form can modify all genders, definite and indefinite, singular and plural:

en	*imponerende gutt*	'an impressive boy'
ei	*imponerende jente*	'an impressive girl'
et	*imponerende barn*	'an impressive child'
	imponerende gutter	'impressive boys'
den	*imponerende jenta*	'the impressive girl'
de	*imponerende barna*	'the impressive children.'

ADJECTIVE REVIEW

Cover this column
while answering!

1. How do you say 'another book'?

    'another hotel'?

    'other theaters'?

    'the other hotel'?

2. Add all necessary endings to these
   adjectives:

    en deilig__ dag

    den rimelig__ kafeen

    et saftig__ eple

    et gul__ eple

    den billig__ lampa

    et lat__ barn (a lazy child)

    et søt__ eple (a sweet apple)

    et kjent__ bilde

    den ny__ stolen

    et ny__ stabbur

3. As a general review of adjective agree-
   ment, fill in the missing endings:

    sterk__ mennesker

    et tysk__ tog

    den amerikansk__ turisten

    et flott__ stykke

    ei stor__ øy

    de trøtt__ bøndene

    ny__ steder

    et billig__ land

    et moderne__ kjøkken

    deilig__ erter

    de høy__ tårnene

    det norsk__ folket

    et pen__ fjell

---

ei anna bok

et annet hotell

andre teatre

*det andre
     hotellet*

-- *(no ending)*

-e

--

-t

-e

-t

-t

--

-e

-tt

-e

--

-e

--

--

-e

-e

--

--

-e

-e

-e

-t

TIDEN GÅR

I. SKRIV SETNINGENE SOM MANGLER:

0. Vær snill!   *Må jeg være snill?*   *Jeg var snill i går.*

===

1. Sov!

----

2.   Må jeg spise det?

----

3.   Jeg så på dem
                                        i går.

----

4. Besøk farfar!

----

5.   Må jeg bestille
                   det?

----

6.   Jeg gikk dit
                                        i går.

----

7. Skriv leksene!

----

8.   Må jeg stå der?

----

9.   Jeg tok dem dit
                                        i går.

===

II. BRUK SLIKE EIENDOMSUTTRYKK I SPØRSMÅLENE:

0. Det er huset mitt.

   Sa du at det var ditt hus?

0. Det er den røde linjalen til Per.

   Sa du at det var Pers røde linjal?

1. Det er lampa hennes.

2. Det er de store eggene til læreren.

3. Det er det fargerike flagget mitt.

4. Det er stedet vårt.

5. Det er den vakre bunaden deres.

6. Det er eplene dine.

III. VELG RIKTIG UTTRYKK ELLER SETNING:

	a	b	c	d

1. I dag er det søndag. Det var fredag:

   a) i to dager.
   b) om to dager.
   c) for to dager.   O O O O
   d) for to dager siden.

2. Det er juni nå. Dere kommer i august.
   Dere kommer:

   a) i to måneder.
   b) på to måneder.
   c) om to måneder.   O O O O
   d) for to måneder siden.

3. Nå er klokka ti. Vi så dem klokka fem
   og har ikke sett dem siden. Vi har
   ikke sett dem:

   a) i fem timer.
   b) på fem timer.
   c) for fem timer.   O O O O
   d) om fem timer.

(III. VELG RIKTIG UTTRYKK ELLER SETNING--FORTSATT)

<u>a   b   c   d</u>

4. Han har god tid.

    a) Han har det hyggelig.
    b) Han må skynde seg.
    c) Han kommer tidsnok.   0 0 0 0
    d) Han kommer for seint.

5. De gikk i land da:

    a) de tok bussen til farfars gård.
    b) de reiste fra Norge til Amerika. 0 0 0 0
    c) de tok en lang tur i Nordmarka.
    d) båten deres kom til brygga.

6. De måtte skynde seg av og til.

    a) De hadde dårlig tid noen ganger.
    b) De kommer aldri for seint.
    c) De skal skynde seg til bussen. 0 0 0 0
    d) Vertinnen sender potetene til
       gjestene og de forsyner seg.

IV. SKRIV OM OG BRUK PRESENS:

0. Han så på kartet sitt.

    Han ser på kartet sitt.

1. Solgte de fisken på torget?

2. Hun måtte reise bort.

3. Dere forsynte dere av vinen.

4. Sov du godt?

5. Olav begynte allerede klokka fem.

6. De satte seg ved kjøkkenbordet.

7. Nordmannen ville skynde seg hjem.

8. "Visste du hvorfor du gjorde det?" spurte faren.

V. STRYK UT ORDENE ELLER UTTRYKKENE SOM IKKE PASSER:

1. Vi tok (både / begge) tog og buss.

2. Hun ringte til noen venner (at / som) hun kjente.

3. Odd hørte på musikken (i / for) fem timer.

4. Jeg kjøper et nytt hus (i år / i fjor).

5. Dere har ikke tjent mange penger (i / på)
    mange uker.

6. Anna leste hele boka (ut / ute) i parken.

7. Han har alltid paraplyen med seg (når / da) han
    er her.

8. Jeg lånte boka hans og (så / da) leste jeg den.

9. De pleier å lese leksene sine (om / i)
    ettermiddagen.

10. Jens stod opp tidlig (i morges / i morgen).

11. Han viste henne (hele / alle / all / alt)
    gården sin.

12. Hvor mange (tider / ganger / timer) har jeg sagt
    det?

VI. SKRIV SETNINGENE FERDIG OG OVERSETT TIL ENGELSK:

1. Vi sang da _____.

    (engelsk) _____.

2. Først _____ og så _____.

    (engelsk) _____.

3. Jeg liker å _____ når _____.

    (engelsk) _____.

4. Da solgte _____.

    (engelsk) _____.

5. I morgen tidlig _____.

    (engelsk) _____.

In this chapter, we will look at several general conventions of Norwegian spelling, and see how they affect the forms of nouns, verbs, adjectives, and adverbs.

We have quite a few spelling conventions in English. They don't apply just to one class of words, but wherever a relevant situation occurs. For example, a *y* at the end of an English word becomes an *i* when we add endings:

```
fly     flies
happy   happiness
pretty  prettier
```

Exceptions like *monkeys* and *flying* are explained by further refinements of the spelling convention. Another convention in English causes us to double a consonant at the end of a word with a short vowel when we add certain endings:

```
run     running
quit    quitter
quiz    quizzes
```

Let's start with a simple Norwegian spelling convention and see how it is applied to several different word classes:

§1. WORDS NEVER END IN A DOUBLE M.

Compare the forms of these words in Norwegian:

noun	et rom	'a room'
	rommet	'the room'
verb	kom	'come' (imperative), 'came'
	å komme	'to come'
adj.	morsom	'amusing' (indef. sg. *en* and *ei* form)
	morsomme	'amusing' (def. and plural form)
adv.	hjem	'home' (motion)
	hjemme	'home' (location)

In the second word of each pair in these examples, the *m* is not the final letter. A double *m* is therefore permitted. The double consonant shows that the preceding vowel is short. But as the next noun demonstrates, final *m* does not always follow a <u>short</u> vowel. When the vowel is <u>long</u>, the *m* is never double:

et problem	'a problem'
problemet	'the problem'

Another spelling convention with widespread effect is this:

§2. WHENEVER POSSIBLE, THREE CONSONANTS IN A ROW ARE AVOIDED.

Even though there are many exceptions to this convention (see below), it can be helpful in explaining and remembering the spelling of a number of words. For example, you know that sometimes consonants are dropped from adjectives and weak verbs when endings are added.

Here are some examples of how this convention applies to adjectives:

> en gr*ø*n*n* park
> et gr*ø*nt tre   (loss of one *n* to avoid three consonants)

This convention also explains why the adjective *kjent* does not add another -*t* when it modifies *et* nouns:

> en kjent mann
> et kjent hotell.

Since the adjective already ends in a *t* and adding another *t* would create a combination of three consonants, the single form *kjent* serves with all singular indefinite nouns.

In the class of weak verbs which add -*te* and -*t* to form the imperfect and perfect tenses, there are several verbs with the double consonants *ll*, *mm*, and *nn*. When these endings are added, one of these consonants is dropped, avoiding three consonants in a row:

> å ka*ll*e   'to call'
>   ka*l*te   'called'
> har ka*l*t   'have called'
>
> å gle*mm*e   'to forget'
>   gle*m*te   'forgot'
> har gle*m*t   'have forgotten'
>
> å begy*nn*e   'to begin'
>   begy*n*te   'began'
> har begy*n*t   'have begun'

Exceptions to this spelling convention fall into several groups:

> compound words: frilu*ft*skafé, gr*ø*n*n*saker
> combinations with *s*: no*rs*k, *s*kj*ø*nne, ven*s*tre, gu*tts*
> combinations with *n*: se*ndt*e, ri*ngt*e, te*nkt*e
> -*t* endings on adjectives: va*rmt*
> combinations to avoid confusion between words:
>   vi*ss*t   'known' (from å <u>vite</u>)
>   vist   'shown' (from <u>å</u> <u>vise</u>)
>
>   fu*ll*t   'full' (from <u>full</u>)
>   fult   'sly' (from <u>ful</u>)

The third spelling convention deals with nouns and adjectives whose base forms end in *-el*, *-en,* and *-er*.

§3. THE E IN -EL, -EN, AND -ER IS OFTEN DROPPED WHEN AN ENDING WITH AN -E IS ADDED.

Study the forms of these nouns carefully:

en nouns			
	en onkel	'an uncle'	base form
	onkelen	'the uncle'	*e* retained
	onkler	'uncles'	*e* dropped
	onklene	'the uncles'	*e* "
	en vinter	'a winter'	base form
	vinteren	'the winter'	*e* retained
	vintrer	'winters'	*e* dropped
	vintrene	'the winters'	*e* "

et nouns			
	et teater	'a theater'	base form
	teatret	'the theater'	*e* dropped
	teatre	'theaters'	*e* "
	teatrene	'the theaters'	*e* "

For *en* nouns, this spelling convention applies only to the plural forms (e.g. loss of the *e* in *onkler* and *onklene*). For *et* nouns, it can apply to definite singular forms as well as the plural forms (e.g. loss of *e* in *teatret, teatre,* and *teatrene*). Several special cases of plural formation for nouns which end in *-er* will be taken up in the review chapter on irregular noun plurals (pp.138-139).

Adjectives are also affected by this spelling convention:

sulten	indef. sg. *en* and *ei* nouns	base form
sultent	indef. sg. *et* nouns	*e* retained
sultne	plural and def. nouns	*e* dropped

Adding the unstressed *e* ending for the plural and definite form causes the loss of the *e* from the base form. Adding the endings for comparative and superlative also causes a similar loss of *e*:

sulten	positive	base form
sultnere	comparative	*e* dropped
sultnest	superlative	*e* "

Now let's look at the forms of the adjective *gammel*:

gammel	indef. sg. *en* and *ei* nouns
gammelt	indef. sg. *et* nouns
gamle	plural and definite nouns

The form *gamle* shows the effects of two spelling conventions, in the following order:

§3. loss of *e* in an *el* adjective when ending is added,

§2. loss of consonant *m* to avoid three consonants in a row.

We'll end this chapter with a short note about stressed and
unstressed final *e* in nouns. First, compare the following
forms carefully:

en skole	en skje	en kafé
skolen	skjeen	kafeen
skoler	skjeer	kafeer
skolene	skjeene	kafeene

In nouns which end in an unstressed *e* (like *en skole*),
the endings which are added (*-n, -r, -ne*) do not add another
e. Thus *skolen* has only one *e*.

Nouns which end in a stressed *e*, however, take the full end-
ings (*-en, -er, -ene*). One syllable nouns (like *en skje*) do
not require an accent mark, since the only vowel in the word
must be stressed. In words with more than one syllable (like
en kafé), the accent mark in the indefinite singular tells us
that the *e* is stressed. The other forms do not need the ac-
cent mark, since the double *e* reminds us that the first *e* is
stressed.

*Cover this column
while answering!*

1. The noun et program has a short a
   before the m. How do you write
   'the program'?

   ------------------   *programmet*

2. If et langsomt år means 'a slow year,'
   how would you write 'slow years'?

   ------------------   *langsomme år*

3. Å glemme means 'to forget.' What is
   the imperative form?

   ------------------!   *glem!*

4. En sykdom (with short o) means 'a
   disease.' How do you write
   'the diseases'?

   ------------------   *sykdommene*

5. En snill kvinne means 'a kind woman.'
   How do you write 'a kind child'?

   ------------------   *et snilt barn*

6. Write the imperfect forms for these
   verbs:

   å skjønne   ------------------   *skjønte*

   å bestille   ------------------   *bestilte*

   å bestemme   ------------------   *bestemte*

7. En vakker dag means 'a beautiful day.'
   How do you write 'beautiful days'?

   ------------------   *vakre dager*

   'a beautiful child'?

   ------------------   *et vakkert barn*

8. En himmel means 'a sky.' How do you
   write 'the sky'?

   ------------------   *himmelen*

   Does that form lose its e? YES NO   *no*

   How do you write 'skies' and 'the
   skies'?

   ------------ ------------   *himler,*
                                     himlene

   Do those forms lose their e's? YES NO   *yes*

9. Is the final e stressed in en entré?

                    YES   NO   *yes*
   How do you write 'entries'?_____ *entreer*

131

SKOLELIVET I NORGE

I. SKRIV OM OG BRUK IMPERFEKTUM:

0. Vi bruker lang tid på å gjøre leksene ferdig.

   Vi brukte lang tid på å gjøre leksene ferdig.

1. Dere går lange turer i Nordmarka.

2. Vi synger hele tiden.

3. Selger hun alle bøkene sine?

4. Hvorfor gjør han så mye?

5. Olsen vet det ikke.

6. Det blir kaldt på tirsdag.

7. De drikker litt øl og spiser pølser.

8. Tar du kartet med deg?

II. SETT INN PILER MELLOM FORMENE SOM HØRER SAMMEN:

0. å spise   drikker   spiste   drukket
   å drikke   spiser   drakk   spist

1. å si   sier   så   sagt
   å se   ser   sa   sett

2. å gå   gir   gikk   gått
   å gi   går   gav   gitt

3. å vite   vet   viste   visst
   å vise   viser   visste   vist

4. å være   varer   var   vart
   å vare   er   varte   vært

III. BRUK PERFEKTUM I SVARENE:

0. Jeg gleder meg til å spise.

Men har du ikke allerede spist?

1. Jeg gleder meg til å bli lærer.

2. Jeg gleder meg til å synge sanger.

3. Jeg gleder meg til å drikke vinen.

4. Jeg gleder meg til å begynne å lese boka.

5. Jeg gleder meg til å gjøre det.

6. Jeg gleder meg til å spørre ham.

7. Jeg gleder meg til å reise meg fra bordet.

IV. BRUK 'EGEN', 'EGET' ELLER 'EGNE' I SVARENE:

0. Har du et soveværelse?

Ja, jeg har mitt eget soveværelse.

1. Har han en lenestol?

2. Har dere noen flagg?

3. Har jeg et sted å bo?

4. Har de en gård?

5. Har vi noen ski?

6. Har Øyvind ei klokke?

7. Har barna et hus?

V. HVILKE KLASSER HØRER DISSE VERBENE TIL?

	I -te,-t	II -et,-et	III -dde,-dd	IV -de,-d
0. å spise	●	0	0	0
1. å bo	0	0	0	0
2. å servere	0	0	0	0
3. å vente	0	0	0	0
4. å eie	0	0	0	0
5. å dekke	0	0	0	0
6. å føle	0	0	0	0
7. å bruke	0	0	0	0
8. å banke	0	0	0	0
9. å prøve	0	0	0	0
10. å reise	0	0	0	0

VI. BRUK RIKTIGE TIDSUTTRYKK:

HAN SKREV AT HAN SKULLE KOMME KLOKKA FEM.

1. Han skulle komme _____ to timer.

2. Han har ikke kommet ennå. Han skulle ha

   kommet _____ én time _____.

3. Han skulle ha vært her _____ fire timer
   hvis han virkelig hadde kommet klokka
   fem.

You have seen a number of nouns which do not form their plurals according to the general pattern. (See the noun review chapter (pp.23-25) for an overview of the general pattern.) In this review chapter, we will consider the following types of irregular plural formation:

1. Internal vowel change
2. Anomalous endings
3. Family terms.

Irregular forms must be memorized. Generally, there is nothing in their form or meaning which signals that they are irregular.

1. INTERNAL VOWEL CHANGE

In English, we have several common nouns which form their plurals by changing their internal vowels:

a foot	a tooth	a mouse	a man
feet	teeth	mice	men

In Norwegian, the same type of change takes place, occasionally in words which are related to the English ones. Usually the plural endings -er (for indefinite) and -ene (for definite) are added to the new stem.

We have seen several nouns which have *a* in the stem of the singular and *e* in the plural:

ei tann	'a tooth'	en natt	'a night'
tenner	'teeth'	netter	'nights'

One other common noun follows this pattern, but it does not add the expected -er in the indefinite plural:

en mann	'a man'	menn__	'men'
mannen	'the man'	mennene	'the men'

The Norwegian word for 'book' has an internal vowel change:

ei bok	'a book'	bøker	'books'
boka	'the book'	bøkene	'the books'

Here, *o* in the singular alternates with *ø* in the plural. *En bonde* shares the same vowel alternation.

We've seen two nouns which change *e* in the singular to *æ* in the plural. These words, *et tre* and *et kne* also have unexpected endings. Study the forms for *et tre* closely:

et tre	'a tree'	trær	'trees'
treet	'the tree'	trærne	'the trees'

Note that here in the indefinite plural, we do not find the usual -- ending, and in the definite plural, we do not find -ene.

2. ANOMALOUS ENDINGS

In the preceding section, we discussed two nouns with anom-
alous endings: *menn* does not add *-er* in the indefinite plural,
and *trær* has an unexpected *-r* and *trærne* does not use *-ene* in
the definite plural. Now we will look at several more nouns
with unusual plural endings. Some of these nouns add endings
when we don't expect them; some do not add endings when we do
expect them; others add endings, but not the endings we'd
expect. Such is life.

The first noun we'll consider here is *et sted* 'a place.'
Most one syllable *et* nouns do not take an ending to form the
indefinite plural (for example *et hus, mange hus__*). But
et sted does:

et sted	'a place'	sted*er*	'places'
stedet	'the place'	stedene	'the places'

So we could say that *et sted* behaves like an *en* or *ei* noun in
the indefinite plural.

Now we'll look at several *en* and *ei* nouns which behave like
one syllable *et* nouns in the indefinite plural:

en ting	'a thing'	en sko	'a shoe'
tingen	'the thing'	skoen	'the shoe'
ting___	'things'	sko___	'shoes'
tingene	'the things'	skoene	'the shoes'

ei ski	'a ski'	en øre	'an øre'
skia	'the ski'	øren	'the øre'
ski___	'skis'	øre___	'øre'
skiene	'the skis'	ørene	'the øre'

Since these nouns do not follow the regular patterns, you
must memorize their forms.

Now we'll consider a group of *en* nouns which have base forms
ending in *-er*. Rather than adding another *-er* to the base
to form the indefinite plural, these nouns add just *-e*:

en lærer	'a teacher'
læreren	'the teacher'
lærer*e*	'teachers'
lærer*ne*	'the teachers'

en amerikaner	'an American'
amerikaneren	'the American'
amerikaner*e*	'Americans'
amerikaner*ne*	'the Americans'

Note that these nouns have an anomalous definite plural end-
ing also: They add *-ne*, and not *-ene*.

This class of nouns contains mostly names of occupations and
names of people coming from countries and cities. The noun
en genser 'a sweater' falls into this class also.

There is another class of -er nouns which is also irregular:
et nouns which end in -er add only -e to form the indefinite
plural (like the *en* nouns mentioned above). But these *et*
nouns drop the unstressed *e* from the base form's -er when
endings are added. (Compare these forms to the discussion
on page 129 about the loss of *e* in words ending in -el, -en,
and -er.)

et teat*er*	'a theater'	teatre	'theaters'
teatret	'the theater'	teatrene	'the theaters'

En nouns which are not names of professions, nationalities,
or sweaters, add the normal -er ending to nouns with base
forms ending in -er. But before adding the plural ending,
they drop the base form's unstressed *e*:

en vint*er*	'a winter'	vintr*er*	'winters'
vint*er*en	'the winter'	vintrene	'the winters'

Another anomalous plural form you have seen is the definite
form for *et barn*. While all other definite plurals end in
-(e)ne, *et barn* adds -a:

et barn	'a child'	barn	'children'
barnet	'the child'	barn*a*	'the children'

Several other monosyllabic *et* nouns may also use this ending,
like *beina* 'the bones, the legs.'

Finally, we come to a class of *et* nouns which have a Latin
origin, and end in -um in the base form. These nouns drop
the *um* before adding the normal endings for definite singular,
and indefinite and definite plural:

et muse*um*	'a museum'	et sentr*um*	'a center'
museet	'the museum'	sentret	'the center'
museer	'museums'	sentrer	'centers'
museene	'the museums'	sentrene	'the centers'

3. FAMILY TERMS

Several of the nouns which describe family relationships have
irregular plurals, so we will look at them here. For some,
you will see not just how these forms are irregular, but also
how they got to be that way.

Let's start by mentioning the family terms which follow the
regular patterns in forming plurals: *en tante* 'an aunt,'
en niese 'a niece,' *en nevø* 'a nephew,' *en kusine* 'a female
cousin,' and *en sønn* 'a son.' All of these nouns add -(e)r
to form the indefinite plural, and -(e)ne to form the defi-
nite plural.

En fetter 'a male cousin' follows the pattern for -er nouns
of the occupation and nationality type (presented on p.138):

en fetter	'a cousin'	fetter*e*	'cousins'
fetteren	'the cousin'	fetter*ne*	'the cousins'

En onkel follows the pattern for *-el*, *-en*, and *-er* nouns.
In the plural forms, the *e* of the *-el* is dropped:

en onkel	'an uncle'	base form
onkelen	'the uncle'	*e* retained
onkler	'uncles'	*e* dropped
onklene	'the uncles'	*e* dropped

You will see a similar loss of *e* in the plural forms for
en søster 'a sister.' But notice that the indefinite plural
ending which is added is *-e*, not *-er*:

en søster	'a sister'	søstre	'sisters'
søsteren	'the sister'	søstrene	'the sisters'

Study these forms carefully, making sure you see the steps
involved in arriving at *søstre* 'sisters.' These steps form
the basis for understanding the rest of the family terms.

The other terms we will look at now all have internal vowel
changes <u>and</u> endings similar to *en søster*. The simplest case
is *en datter* 'a daughter.' The vowel alternation is *a* in the
singular and *ø* in the plural. As in *søstre*, an *e* is added as
the indefinite plural ending, and the unstressed *e* is dropped.
In addition, to avoid three consonants in a row, one *t* is
dropped. Trace through the steps in this chart, which shows
several made-up intermediate steps (marked with an asterisk):

datter	base form
*datter + e	plural ending added
*døttere	vowel change
*døttre	loss of unstressed *e*
døtre	loss of one *t*

Thus, the four forms of *en datter* are:

en datter	'a daughter'	døtre	'daughters'
datteren	'the daughter'	døtrene	'the daughters'

The remaining family terms follow a similar pattern of deri-
vation, except that there is one more aspect to consider.
The nouns *en far* 'a father,' *en mor* 'a mother,' and *en bror*
'a brother' previously had longer forms, which we now see only
in very formal language. Each noun had an extra *-de*: *en
fader, moder, broder*. The modern plural forms still retain
the *d*. Here are the forms for *en far*, *en mor*, and *en bror*:

en far	'a father'	en mor	en bror
faren	'the father'	moren	broren
fedre	'fathers'	mødre	brødre
fedrene	'the fathers'	mødrene	brødrene

The vowel alternation for *far-fedre* is the same as for *mann-
menn*, and the alternation for *mor-mødre, bror-brødre* is the
same as for *bok-bøker*.

Finally, here are two family terms which do not have singular
forms in Norwegian:

foreldre	'parents'	søsken	'siblings'
foreldrene	'the parents'	søsknene	'the siblings'

IRREGULAR NOUN PLURALS

1. What is the usual indefinite plural
   ending for en and ei nouns?
   _____ -er

2. What is the usual indefinite plural
   ending for one syllable et nouns?

   _____ --
   (no ending)

3. How do you say 'the night'?_____ natten
   'the nights'? _____ nettene

4. What is anomalous about the form menn? no -er is added

5. How do you say 'farmers'_____ bønder

6. What does knærne mean?_____ the knees

   What is its indefinite singular?

   _____ et kne

7. Why is et sted considered anomalous? It adds -er
   in the ind. pl.

8. How do you say 'two skis'? _____ to ski

   'many things'? _____ mange ting

9. 'A baker' is en baker. How do you say
   'bakers'?
   _____ bakere

   'the bakers'? _____ bakerne

10. What does barna mean? _____ the children

11. Et akvarium means 'an aquarium.'
    How do you say 'the aquarium'?

    _____ akvariet

    'the aquariums'? _____ akvariene

12. How do you say 'the sisters'?

    _____ søstrene

    'brothers'? _____ brødre

    'daughters'? _____ døtre

13. What is the indefinite singular of
    mødre?

    _____ en mor

141

"VI KOMMER SENT, MEN VI KOMMER GODT"

I. SKRIV OM TIL ENTALL:

    0. fine hus   *et fint hus*

    1. høye tårn

    2. små universiteter

    3. deilige epler

    4. nye biblioteker

    5. gamle vikingskip

    6. svenske flagg

    7. moderne programmer

    8. flotte trær

    9. gode museer

II. BRUK PLUSKVAMPERFEKTUM:

    0. Jeg gledet meg til å gjøre det da jeg bodde i Amerika.

      Men du hadde allerede gjort det.

    1. Jeg gledet meg til å kjøpe dyre bøker da jeg bodde i Amerika.

    2. Jeg gledet meg til å bli berømt da jeg bodde i Amerika.

    3. Jeg gledet meg til å stå på slottet da jeg bodde i Amerika.

    4. Jeg gledet meg til å dra til Norge da jeg bodde i Amerika.

III. BRUK IMPERFEKTUM:

0. Han var glad i å arbeide.

   Han arbeidet ofte.

1. Han var glad i å danse.

2. Han var glad i å gå.

3. Han var glad i å dra til Sverige.

4. Han var glad i å drikke.

5. Han var glad i å gjøre reint.

6. Han var glad i å stå ute.

7. Han var glad i å ta trikk.

IV. SETT STREK UNDER ALLE ADVERB OG SLÅ SIRKEL RUNDT ALLE ADJEKTIV:

0. De gikk en svært lang tur.

1. Hun liker den nye jobben sin godt.

2. Gamle menn liker å besøke barnebarna sine ofte.

3. Gule epler smaker deilig.

4. Grønne epler er saftige.

5. Vi stod ute og snakket lenge.

6. Han sitter stille i den moderne lenestolen.

7. Vi gjør hjemmeleksene våre både tidlig og seint.

8. Hun skrev ei ny flott bok.

9. Dere sang dårlig, men spilte den fantastiske fela flott.

10. Det er dyrt å bo moderne.

V. BRUK ADVERBET SOM TILSVARER ADJEKTIVET:

0. Det var en vakker historie.

   Hun fortalte den vakkert.

1. Det var en dårlig historie.

2. Det var en morsom historie.

3. Det var en flott historie.

4. Det var en god historie.

5. Det var en pen historie.

VI. HVA ER DET MOTSATTE AV DE FØLGENDE ADVERBENE?

0. oppe   *nede*

1. seint

2. ute

3. etterpå

4. godt

5. aldri

6. stort

7. sterkt

8. lett

9. mye

10. ned

11. kort

12. kaldt

VII. SETT INN ET PASSENDE ADVERB FRA LISTA TIL HØYRE:

1. Han kjørte _____.

2. Han våknet _____.

3. Hun begynte _____.

4. Spillemannen spilte _____.

5. Dere hilste _____ på oss.

6. Kaka smakte _____.

7. Vi sang _____.

8. Jeg skal _____ glemme deg.

9. Bonden besøkte _____ mange mennesker.

10. Vi kom _____ seint.

aldri
dårlig
flott
for
fort
godt
hyggelig
imponerende
seint
svært
tidlig

After a quick overview of other verbal forms in Norwegian, this review chapter will examine the formation of the imperfect (or past tense) and the past participle. A short section on modal verb usage ends this chapter.

The dictionary form of a verb is called the infinitive. Most Norwegian infinitives end in an unstressed -e (for example å snakke, å presentere), but some end in a stressed vowel (for example å se, å gå, å forstå). For the first group, the imperative (or command) is formed by dropping the unstressed -e (snakk! presenter!). For the second group, the infinitive and imperative forms are identical (se! gå! forstå!). Almost all verbs add r to the infinitive to form the present tense (snakker, presenterer, ser, går, forstår). Exceptions like gjør, spør, sier, and vet have to be learned separately.

There is greater diversity in the ways the imperfect and past participle are formed, and most of the rest of this chapter will focus on the various types. It is generally impossible to guess these forms for a given verb if you only know its infinitive or present tense. So for each verb you learn, you should make sure you know its imperfect and past participle. Familiarize yourself with how these tenses are presented in the textbook's glossary and in any dictionary you use.

The imperfect (imperfektum) (for example 'I ate') is generally used to describe events which happened at a specific time in the past. The past participle (perfekt partisipp) (for example 'eaten') is used in forming the present perfect (perfektum) ('I have eaten') and the past perfect (pluskvamperfektum) ('I had eaten'). The past participle is also used in the compound passive construction ('was eaten').

WEAK VERBS (svake verb) are verbs which add an ending to form their imperfect. Weak verbs in English all use an -ed ending. In Norwegian, four endings are used, all of which include a dental consonant (d or t). As we look at these four classes, you will notice that if you know how to form the imperfect of any weak verb, you can easily figure out its past participle.

The first class we'll consider adds -te to the stem of the verb to form the imperfect, and -t to form the past participle. (In the following charts, the stem will be in capital letters.)

CLASS I

infinitive	å SPISe	'to eat'
imperative	SPIS!	'eat!'
present	SPISer	'eat/eats'
imperfect	SPISte	'ate'
pres. perf.	har SPISt	'has/have eaten'
past perf.	hadde SPISt	'had eaten'

147

Generally, weak verbs whose stem end in a single consonant, *ll*, *mm*, or *nn* form their imperfect and past participles this way. Some other verbs with combinations of two consonants also fit into this class (*å hilse, å sende, å tenke*). Verbs with *ll*, *mm*, or *nn* in the infinitive lose one of those consonants when the endings are added. (See spelling convention §3, p. 129.)

The second class of weak verbs add *-et* to the stem to form both the imperfect and past participle. For the most part, weak verbs with double consonants other than *ll*, *mm*, and *nn* belong to this class.

CLASS II

infinitive	å SNAKKe	'to speak'
imperative	SNAKK!	'speak!'
present	SNAKKer	'speak/speaks'
imperfect	SNAKKet	'spoke'
pres. perf.	har SNAKKet	'has/have spoken'
past perf.	hadde SNAKKet	'had spoken'

Some other verbs which are in this class are *å vaske, å danse, å stoppe*. Remember that these hints about consonants in the stem are not meant to be hard and fast rules by which you can determine the class of every weak verb. Many verbs do not follow the general patterns presented here, and it may be easier for you to learn each verb's tenses rather than try to apply these hints. Here, for example, are several verbs which add *-et* to form their imperfect and past participle, even though they have only one consonant in their stems, or have *ll*:

å lage	lager	laget	har laget
å stave	staver	stavet	har stavet
å arbeide	arbeider	arbeidet	har arbeidet
å tulle	tuller	tullet	har tullet

Weak verbs in the third class add *-dde* and *-dd* to form their imperfects and past participles. All of the verbs in this class end in a stressed vowel in the infinitive. (Keep in mind that not all verbs which end in a stressed vowel are weak; many like *å gå, å si* are strong.)

CLASS III

infinitive	å BO	'to live, dwell'
imperative	BO!	'live!'
present	BOr	'live/lives'
imperfect	BOdde	'lived'
pres. perf.	har BOdd	'has/have lived'
past perf.	hadde BOdd	'had lived'

The fourth class of weak verbs is a fairly small collection
of verbs which add *-de* to the stem to form the imperfect and
-d to form the past participle. Verbs whose stems end in a
diphthong, *g,* or *v* follow this pattern.

CLASS IV

infinitive	å EIe	'to own'
imperative	EI!	'own!'
present	EIer	'own/owns'
imperfect	EIde	'owned'
pres. perf.	har EId	'has/have owned'
past perf.	hadde EId	'had owned'

Here are some other verbs in this class which you have seen:

å leie	leier	leide	har leid
å prøve	prøver	prøvde	har prøvd
å bygge	bygger	bygde	har bygd
å leve	lever	levde	har levd
å pleie	pleier	pleide	har pleid

Cover this column
while answering!

Test your knowledge of the formation of
the imperfect and past participle of
these weak verbs:

	I -te,-t	II -et,-et	III -dde,-de	IV -de,-d	
1. å føle	0	0	0	0	-te,-t
2. å lyse	0	0	0	0	-te,-t
3. å leve	0	0	0	0	-de,-d
4. å like	0	0	0	0	-te,-t
5. å kle	0	0	0	0	-dde,-dd
6. å håpe	0	0	0	0	-et,-et
7. å tenne	0	0	0	0	-te, -t (tente)
8. å skje	0	0	0	0	-dde,-dd
9. å leie	0	0	0	0	-de,-d

10. What is the imperfect of å bestille?

----

bestilte

11. What is the past participle of

    å steike?   ----------

steikt

12. What does hadde invitert mean?

----

had invited

13. What does spiste mean?   ----------

ate

STRONG VERBS *(sterke verb)* are verbs which do not add endings to form the imperfect. They do, however, end in a *-t* (or rarely *-d*) in the past participle. Many strong verbs show different internal vowels in the infinitive (and present tense), imperfect, and past participle (for example *å drikke, drikker, drakk, drukket*). Once again, you really cannot guess whether a verb is weak or strong, or which sub-class it fits into. You must learn each verb's forms. Many of the most frequently used verbs in Norwegian are strong. This means you will get lots of practice using verbs like *å være, å si, å se, å ta, å bli,* and *å gå* in all of their forms. Just remember-- "Øvelse gjør mester." (Practice makes perfect.)

See the list of strong verbs in the short grammar summary of the textbook to refresh your memory about the forms of the strong verbs you know (pp. 510-511).

WEAK AND STRONG VERBS AND MODALS

Cover this column while answering!

Check your knowledge of the imperfect and past participles for these strong verbs:

	imperfect	past participle	
1. å synge	_____	_____	sang, sunget
2. å finne	_____	_____	fant, funnet
3. å si	_____	_____	sa, sagt
4. å se	_____	_____	så, sett
5. å ta	_____	_____	tok, tatt
6. å være	_____	_____	var, vært

How do you say:

7. 'has given'	_____	har gitt
8. 'had become'	_____	hadde blitt
9. 'drank'	_____	drakk
10. 'slept' (imperfect)	_____	sov

What are the infinitives of these imperfect forms?

11. så	_____	å se
12. fikk	_____	å få
13. stod	_____	å stå
14. hjalp	_____	å hjelpe

153

Although you have been using modals in Norwegian for quite a long time, it might be useful to look at several aspects of modals which many students find difficult or confusing.

1. Modals are followed by verbs in the infinitive, without the infinitive marker:

    vil kjøpe   'wants to buy'
    skulle danse   'should dance'

This pattern extends to more complicated constructions as well:

    må lære å snakke   'must learn to speak'
    kunne ha begynt å betale   'could have begun to pay'

2. Modals in Norwegian have the same principal parts as other verbs:

infinitive	å måtte	'to have to'
present	må	'has/have to, must'
imperfect	måtte	'had to'
pres. perf.	har måttet	'has/have had to'
past perf.	hadde måttet	'had had to'

Note that many modals in English do not have corresponding forms. 'Must,' for example, does not have an infinitive, imperfect, or past participle. English must use the periphrastic 'to have to' in some of the tenses.

3. Modals may be joined with other modals in Norwegian. Of course, the second modal must be in the infinitive, since it follows a modal:

    Han vil kunne snakke. 'He wants to be able to speak.'
    Hun skulle ville kunne betale. 'She should want to
       be able to pay.'

4. When a form of å skulle, å måtte, or å ville is combined with a stated destination, the verb of motion is often omitted:

    Vi vil dit.   'We want (to go) there.'
    Skal dere til byen?   'Are you going (to go) to town?'

SKAL VI I BUTIKKEN?

I. ALT KOSTER TRE KRONER:

0. Hva koster et glass melk?

   Det koster tre kroner glasset.

1. Hva koster ei flaske Solo?

2. Hva koster en kopp kaffe?

3. Hva koster et stykke kake?

4. Hva koster en boks erter?

II. VELG 'INGEN' ELLER 'IKKE NOE':

	<u>ingen</u>	<u>ikke</u> <u>noe</u>	
0. Jeg har	●	0	statuer.
1. Jeg har	0	0	sukker.
2. Jeg har	0	0	sukkerbiter.
3. Jeg har	0	0	aviser.
4. Jeg har	0	0	kjøtt.
5. Jeg har	0	0	ting.
6. Jeg har	0	0	saus.
7. Jeg har	0	0	pølser.
8. Jeg har	0	0	te.
9. Jeg har	0	0	hunder.
10. Jeg har	0	0	øl.

III. FYLL INN SUBSTANTIVENE OG DE PÅPEKENDE PRONOMENENE:

	her	der
0.	*dette huset*	*det huset*
1.		
2.		
3.		
4.		
5.		

IV. BRUK RIKTIGE PÅPEKENDE PRONOMENER I SVARENE:

0. Er dette et pent værelse?

   Ja, dette værelset er pent.

1. Er det morsomme bøker?

2. Er dette et enormt bibliotek?

3. Er dette hvite hus?

4. Er det en gammel låve?

5. Er dette en viktig grav?

6. Er dette fargerike blomster?

7. Er det ei grønn øy?

8. Er dette et sterkt menneske?

V. BRUK PÅPEKENDE PRONOMENER OG ADJEKTIVETS POSITIVE OG
   KOMPARATIVE FORMER:

0. (en dyr bil)

   Den bilen er dyr, men denne bilen er dyrere.

1. (et rødt eple)

2. (sunne mennesker)

3. (ei rimelig klokke)

4. (en klar utsikt)

5. (gode trær)

6. (et trøtt barn)

7. (ei sulten jente)

VI. BRUK KOMPARATIVE OG SUPERLATIVE FORMER:

0. Kari har et nytt bilde.

   Eriks bilde er nyere. Ingrids bilde er det nyeste.

1. Kari har en fin båt.

2. Kari har noen høye trær.

3. Kari har en god traktor.

4. Kari har et saftig eple.

5. Kari har noen lette oppgaver.

6. Kari har ei morsom bok.

VII. FYLL INN ALLE FORMENE SOM MANGLER:

positiv	komparativ	superlativ
0. rød--rødt--røde	rødere	rødest
1.	eldre	
2.		fortest
3. stor		
4.	vanskeligere	
5.		minst
6. morsom		
7.	seinere	
8.		flest
9. ung		

DEMONSTRATIVES AND POSSESSIVES
(To be read after chapter 20)

In this review chapter, after examining demonstrative pronouns, we will look at some phrases using possessives.

Demonstrative pronouns *(et påpekende pronomen)* are used for emphasizing nouns, and giving them a spatial orientation. The English demonstratives are 'this,' 'that,' 'these,' and 'those.'

As in English, Norwegian demonstratives can point to near-by objects or more distant ones. Norwegian demonstratives must agree with the noun in gender and number. This chart summarizes all of the demonstrative pronouns:

		near-by	distant
singular	*en* noun	DENNE	DEN
	ei noun	} 'this'	} 'that'
	et noun	DETTE	DET
plural	all genders	DISSE 'these'	DE 'those'

The forms for near-by objects are all longer (in number of syllables) than those for distant objects. *En* and *ei* nouns share demonstratives, and, as usual, there is no gender distinction made in the plural.

Nouns which follow demonstratives are in the definite:

        denne by*en*   'this city'
        dette bilde*t*   'this picture'
        disse barn*a*   'these children'

We can design a formula to show how demonstratives and nouns join together:

    demonstrative   noun

    [   ]   [   ]

               definite

Demonstratives can also be used with adjectives and nouns:

    dette stor*e* huset   'this big house'
    de snill*e* barna   'those kind children'

Note that the adjective is in the definite form (usually formed by adding *-e* to the base form).

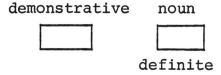

    demonstrative   adjective   noun

               definite   definite

The demonstrative pronouns for distant objects (*den, det,* and *de*) are identical to the free-standing definite articles we use when an adjective modifies a definite noun. (See page 114 for a review of this type of construction.) The expression

> den sultne gutten

can have two meanings. If *den* is stressed, it is the demonstrative pronoun ('that hungry boy'). If *gutten* is stressed, *den* is the free-standing definite article ('the hungry boy').

This is a good time to repeat that only nouns with adjectives have this free-standing definite article. Without an adjective, definite nouns use only the suffixed definite article:

> barnet   'the child'
> det snille barnet   'the kind child'

DEMONSTRATIVES AND POSSESSIVES

1. In which form are nouns which follow demonstratives?

           indefinite   definite

   definite

2. What does <u>dette</u> <u>universitetet</u> mean?

   ----

   this university

   <u>disse</u> <u>øyene</u>   ----------------------

   these islands

   <u>de</u> <u>kartene</u>   ----------------------

   those maps

3. What does <u>denne</u> <u>store</u> <u>bygningen</u> mean?

   ----

   this big building

   <u>dette</u> <u>fantastiske</u> <u>museet</u>

   this fantastic museum

   ----

4. In the following phrases, relative stress is indicated by underlining. What do these expressions mean?

   de fine <u>kafeene</u>   ------------------

   the fine cafes

   <u>de</u> fine kafeene   ------------------

   those fine cafes

   <u>den</u> morsomme historien

   that funny story

   ----

   den morsomme <u>historien</u>

   the funny story

   ----

5. How do you say:

   'the ship' -------------

   skipet

   'the ships' -------------

   skipene ,

   'this ship' -------------

   dette skipet

   'that ship' -------------

   det skipet

   'those ships' ---------------

   de skipene

   'this little ship' -----------------

   dette lille skipet

   'the little ship' -----------------

   det lille skipet

161

You recall from an earlier review chapter (pp.79-83) that possessives with nouns and names take this form:

> blyanten til læreren   'the teacher's pencil'
> viskelæret til Svein   'Svein's eraser'

We can modify those items by adding adjectives and free-standing definite articles:

> den lille blyanten til læreren
>   'the teacher's little pencil'
> det billige viskelæret til Svein
>   'Svein's cheap eraser'

Possessives using pronouns take this form:

> huset mitt   'my house'
> møblene hennes   'her furniture'

To these types of constructions, we can also add adjectives:

> det røde huset mitt   'my red house'
> de nye møblene hennes   'her new furniture'

There is another possessive construction in Norwegian which is used when the ownership of an item is stressed (that is, when we stress that is *her* book, not my book or his book). This construction resembles English more than the possessive constructions we have been looking at up to now.

> hennes bok   'her book'
> Sveins værelse   'Svein's room'
> lærerens blyanter   'the teacher's pencils'

As you see, the owner is mentioned before the item, and the item is in the indefinite. The variable possessive pronouns (like *min--mi--mitt--mine*) must still agree with the item in gender and number. Frequently, however, *ei* nouns are treated like *en* nouns in these constructions: *min bok, din stue.*

Usually the *s* signifying possessive on names and nouns (e.g. *Sveins værelse*) is added without an apostrophe. An *s* can be added to all forms of a noun:

> en gutt*s*   'a boy's'   gutter*s*   'boys''
> gutten*s*   'the boy's'   guttene*s*   'the boys''

If a name ends in *s*, an apostophe is added without another *s*:

> Jens' stol 'Jens' chair'

When adjectives are used in this type of construction, the adjective comes between the owner and the item:

> Sveins store værelse   'Svein's big room'
> lærerens blå bil   'the teacher's blue car'
> hennes imponerende bok   'her impressive book'

DEMONSTRATIVES AND POSSESSIVES

Cover this column while answering!

1. If you use a possessive construction with the owner mentioned before the item (e.g. <u>Påls</u> <u>hus</u>), is the item in the

   INDEFINITE   or   DEFINITE ?   *indefinite*

2. If you use a possessive construction with the item mentioned before the owner (e.g. <u>huset</u> <u>til</u> <u>Pål</u>), is the item in the

   INDEFINITE   or   DEFINITE ?   *definite*

3. Using the construction like <u>ditt</u> <u>hus</u>, how do you say:

   'my brother' _____   *min bror*

   'our sisters' _____   *våre søstre*

   'their television' _____   *deres fjernsyn*

   'his boat' _____   *hans båt*

   'Anna's books' _____   *Annas bøker*

   'Per's tables' _____   *Pers bord*

   'the boys' parents _____   *guttenes foreldre*

4. What form is the adjective in this phrase:

   <u>mannens</u> <u>imponerende</u> <u>frimerke</u> ?   *definite*

5. How do you say the following, using the construction 'owner before item':

   'my expensive tree' _____   *mitt dyre tre*

   'our new lights' _____   *våre nye lys*

   'Marit's old grandfather'

   _____   *Marits gamle bestefar*

   'Jens' new car' _____   *Jens' nye bil*

   'the child's big teeth'_____   *barnets store tenner*

COMPLEX SENTENCES

(To be read after chapter 24)

A complex sentence is one which is composed of two clauses: a dependent clause *(en bisetning)* and an independent clause *(en hovedsetning)*. The two clauses are linked by a subordinating conjunction *(en underordnende konjunksjon)*, which always comes before the subject in the dependent clause.

In the following examples, we will use these abbreviations to label the parts of the sentence. Note that capital letters refer to independent clauses.

    IND independent clause
    dep dependent clause
    S   subject of independent clause
    s   subject of dependent clause
    V   verb (or first element of verb) in independent
           clause
    v   verb (or first element of verb) in dependent
           clause
    sc   subordinating conjunction

Study these two sample complex sentences in English, paying attention to the parts which are labeled:

1.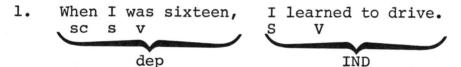

2.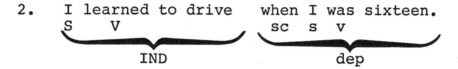

Now we will look at how complex sentences are formed in Norwegian. One aspect to keep in mind is that conjunctions do not cause inversion of the normal subject--verb word order. This holds for both co-ordinating conjunctions *(en sideordnende konjunksjon)* like *og, men, eller,* and *for,* and for subordinating conjunctions like *at, om, fordi, da, når,* and *selv om.* Thus, in a dependent clause, the word order is always:

    sc   s   v.

But dependent clauses cannot stand alone; they always join up with an independent clause to form a complex sentence. Word order in the independent clause is normal (S--V) when the independent clause begins the sentence:

3.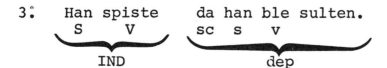

If we move the dependent clause to the first slot in the sentence, the word order in the independent clause must be inverted (V--S):

4.   Da han ble sulten,   spiste han.

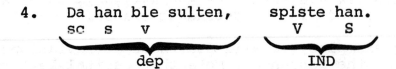

A comma separates the two clauses when the dependent clause comes first.

The inversion in the independent clause of sentence 4. follows the same pattern as V--S inversion in these simple declarative sentences:

5.   Frokost spiste han.
             V   S

6.   Klokka sju spiste han.
                V   S

7.   Da spiste han.
        V   S

In examples 5-7, as well as in 4, something other than the subject of the sentence is in the first slot. We can think of dependent clauses filling the first slot in the same way that objects, prepositional phrases, and adverbs can fill it.

The final aspect of word order in complex sentences deals with the placement of adverbs (like *ikke*) in dependent clauses. You recall that in independent clauses (and simple declarative sentences) *ikke* comes right after the V:

8.   Han snakker ikke.
        S   V   adv

In dependent clauses, however, *ikke* and some other adverbs come <u>before</u> the verb:

9.   fordi han ikke snakker
        sc   s adv   v

This word order occurs both when the dependent clause is first in the complex sentence:

10.   Fordi vi ikke så deg,   gikk vi videre.

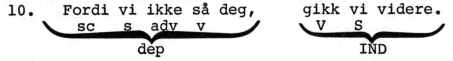

and when the independent clause comes first:

11.   Vi gikk videre   fordi vi ikke så deg.

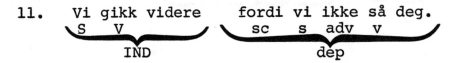

166

PASSIVES

In active sentences, the subject is the actor, the one who "does" the action of the verb. In passive sentences, however, the subject receives the action of the verb; it is acted upon. These two English sentences serve as examples:

ACTIVE   The cat is chasing a mouse.
PASSIVE A mouse is being chased (by the cat).

We do not have to mention the actor (here 'the cat') in the passive sentence, but we can include it after the preposition 'by.'

In English, passives are formed by using a form of the verb 'to be' and the past participle of the main verb. By changing the tense of the auxiliary 'to be,' we can create passive sentences which correspond to all of the tenses we have in active sentences:

ACTIVE	PASSIVE
to chase	to be chased
chases	is chased
is chasing	is being chased
chased	was chased
was chasing	was being chased
has chased	has been chased
had chased	had been chased
will/shall chase	will/shall be chased.

Note that in the passive examples above, the form of the verb after 'to be, is, is being . . .' is always 'chased,' the past participle of 'to chase.'

In Norwegian, there are two ways to form passives:

      1. a compound passive (similar to the English construction)
      2. an *-s* passive (with no analogous structure in English).

1. COMPOUND PASSIVE. As in English, the compound passive uses an auxiliary verb and the past participle. The auxiliary verb in Norwegian is *å bli (blir, ble, har blitt)*.

ACTIVE

present	Jeg spiser pølsene.
imperfect	Jeg spiste pølsene.
pres. perf.	Jeg har spist pølsene.
future	Jeg skal spise pølsene.

PASSIVE

present	Pølsene blir spist (av meg).
imperfect	Pølsene ble spist (av meg).
pres. perf.	Pølsene har blitt spist (av meg).
future	Pølsene skal bli spist (av meg).

Remember that in these passive sentences, the past participle *(spist)* remains constant while the tense of *å bli* varies to correspond to the tenses of the active sentences.

167

2. *-S* PASSIVE. The second passive construction is called the -*s* passive. An -*s* is added to the active infinitive form to create the passive verb. This form functions as both the passive present tense and the passive infinitive:

> PRESENT   Pølsene spises (av meg).
> INFINITIVE (after modal)   Pølsene skal spises (av meg).

Other tenses of the -*s* passive are rare.

There is a tendency to use the compound passive (*å bli* + past participle) for single events or specific occurrences of events. The -*s* passive usually expresses actions which are of a more general or repetitive nature, or are not limited in time. The -*s* passive is also common as the infinitive form used after modals.

MUNTLIGE ØVELSER

A. LEST INN PÅ BÅNDET

	side	linje	tekst
I.	3	1	*God dag. . . .*
		6	*Er du fra Norge?*
II.	5	Vi lærer	*God dag. . . .*
		utenat	*Bare bra, takk.*

B. ØVELSER

BÅNDET	*STUDENTEN*
I. Heter han Hans?	*Ja, han heter Hans.*
Heter hun Anne?	*Ja, hun heter Anne.*
II. Heter jeg Jens?	*Nei, du heter ikke Jens.*
Er Kari fra Amerika?	*Nei, Kari er ikke fra Amerika.*
III. Jeg heter Jens.	*Jeg heter ikke Jens.*
Familien min er fra Norge.	*Familien min er ikke fra Norge.*
IV. Kari er fra Amerika.	*Hun er fra Amerika.*
Hvor er Jens fra?	*Hvor er han fra?*

C. DIKTAT

1.

2.

3.

A. LEST INN PÅ BÅNDET

	side	linje	tekst
I.	9	1	*God dag. . . .*
		6	*Nei, jeg snakker ikke engelsk.*
II.	10	15	*Jorunn, jeg er lærer. . . .*
	11	25	*Takk for i dag.*
III.	11	Vi lærer	*Morn. . . .*
		utenat	*Likeså. Ha det bra.*

B. ØVELSER

BÅNDET	STUDENTEN
I. Er Hansen lærer?	*Ja, han er lærer.*
Forstår Jorunn norsk?	*Ja, hun forstår norsk.*
II. Er Hansen lærer?	*Nei, han er ikke lærer.*
Forstår Jorunn norsk?	*Nei, hun forstår ikke norsk.*
III. Hva heter han? *(Hansen)*	*Han heter Hansen.*
Snakker han norsk? *(Nei)*	*Nei, han snakker ikke norsk.*

IV. Bokstavene heter på norsk:

A B C D E F G H I J K L M N O P Q R S T U V W X Y Z Æ Ø Å

V. Hvordan staver vi 'Anne'?	*Vi staver 'Anne' A-N-N-E.*
Hvordan staver vi 'takk'?	*Vi staver 'takk' T-A-K-K.*

C. DIKTAT OG SPØRSMÅL

Kari

Spørsmål

1. Hva er Kari?

2. Er hun lærer?

3. Forstår hun norsk?

4. Snakker hun norsk?

5. Forstår du norsk?

TREDJE KAPITTEL

A. LEST INN PÅ BÅNDET

	side	linje	tekst
I.	17	1	*God dag, Svein. . . .*
		7	*Jeg lærer norsk, engelsk og historie.*
II.	17	8	*Jorunn, har du en jobb? . . .*
	18	21	*Du er lærer på en skole.*
III.	20	Vi lærer utenat	*God dag. . . .*
			Ja, jeg arbeider på en fabrikk.
IV.	20	22	*Hvor gammel er du, Jorunn? . . .*
	21	29	*Jeg er seksten år gammel.*
V.	21	Vi lærer utenat	*God dag. . . .*
			Likeså.

VI..

Elle melle
ming mang
ding dang
aster laren leren lo
en to
snipp snapp snute ute!

B. ØVELSER

BÅNDET	*STUDENTEN*
I. Jeg har en jobb.	*Har jeg en jobb?*
Hun forstår norsk.	*Forstår hun norsk?*
II. Bjørn er student nå.	*Var han student før?*
Anne var elev før.	*Er hun elev nå?*
III. Jeg arbeider på et kontor.	*Jeg arbeider ikke på et kontor.*
Du lærer engelsk.	*Du lærer ikke engelsk.*

IV. Vi teller fra én til tjue:

EN, TO, TRE, FIRE, FEM,

SEKS, SJU, ÅTTE, NI, TI,

ELLEVE, TOLV, TRETTEN, FJORTEN, FEMTEN,

SEKSTEN, SYTTEN, ATTEN, NITTEN, TJUE.

(B. ØVELSER--FORTSATT)

    V. Vi teller videre:

        TJUE, TJUEEN, TJUETO, TJUETRE, TJUEFIRE, TJUEFEM,
        TJUESEKS, TJUESJU, TJUEÅTTE, TJUENI, TRETTI,

        FØRTI, FEMTI, SEKSTI, SYTTI, ÅTTI, NITTI, HUNDRE,
        HUNDRE OG TI, TO HUNDRE, TUSEN, TUSEN OG TI.

   VI. Vi teller hvert femte tall:
        fem   *ti*
        femten   *tjue*

C. DIKTAT OG SPØRSMÅL

                     Jens

                  Spørsmål

1. Er Jens elev?

2. Hva studerer han?

3. Hvor gammel er han?

A. LEST INN PÅ BÅNDET

	side	linje	tekst
I.	27	1	*God dag. . . .*
	28	33	*Mange takk.*
II.	30	Vi lærer utenat	*Vær så god. . . .* *Mange takk.*
III.	32	Vi lærer utenat	*God dag. . . .* *Ha det.*

B. ØVELSER

I. Hør på spørsmålene og svar:
Listen to the questions, then answer:

<u>BÅNDET</u>	*STUDENTEN*
II. Her er en penn.	*Hvor er pennen?*
Her er en elev.	*Hvor er eleven?*
III. Kjøper du pennen?	*Nei, jeg trenger ikke en penn.*
Kjøper du skrivepapiret?	*Nei, jeg trenger ikke skrivepapir.*
IV. Jeg heter Kari.	*Hva heter du?*
Jeg arbeider på et kontor.	*Hvor arbeider du?*

C. LYTTEØVELSE

Slå sirkel rundt tallene som blir lest.
Draw a circle around the numbers which are read.

1. 4   5   6

2. 7   17   20

3. 8   18   80

4. 14   16   19

5. 62   72   77

D. DIKTAT OG SPØRSMÅL

Erik

Spørsmål

1. Hva har Erik?

2. Hva trenger han?

3. Kjøper han et viskelær?

4. Hva koster linjalen?

FEMTE KAPITTEL

A. LEST INN PÅ BÅNDET

	side	linje	tekst
I.	38	1	*Lærer! . . .*
		13	*Jeg har ikke penger nå.*
II.	40	14	*Det er fire vegger, to vinduer, et tak og . . .*
		20	*. . . sukker og leser videre.*
III.	41	21	*Svein, har du en penn, blyant og skrivepapir . . .*
		29	*Vi leser sammen nå.*
IV.	44 Vi lærer		*God dag. . . .*
	utenat		*Nei, ikke ennå.*
V.			Okker gokker gummiklokker
			erle perle
			piff paff puff!

B. ØVELSER

BÅNDET	STUDENTEN
I. Jeg leser en avis.	*Jeg leser to aviser.*
Jeg ser en pike.	*Jeg ser to piker.*
II. Det er noen pulter i klasseværelset.	*Hvor er pultene?*
Det er noen vinduer i klasseværelset.	*Hvor er vinduene?*
III. Er det et golv her?	*Ja, der er golvet.*
Er det en pult her?	*Ja, der er pulten.*
IV. Hvordan staver vi 'papir'?	*Vi staver 'papir' P-A-P-I-R.*
Hvordan staver vi 'kjøper'?	*Vi staver 'kjøper' K-J-Ø-P-E-R.*
V. Snakker du norsk?	*Ja, jeg snakker norsk.*
Har du ikke ei bok?	*Jo, jeg har ei bok.*

179

(B. ØVELSER--FORTSATT)

    VI. Er du fra Norge?   *Nei, jeg er ikke fra Norge.*

       Snakker du ikke   *Nei, jeg snakker ikke engelsk.*
       engelsk?

C. DIKTAT OG SPØRSMÅL

             Ingrid og Olav

              Spørsmål

1. Er Ingrid en gutt?

2. Hvor mange gutter og piker er det i klassen?

3. Hva leser elevene?

4. Er boka på engelsk?

5. Ser ikke elevene på bildene?

SJETTE KAPITTEL

A. LEST INN PÅ BÅNDET

	side	linje	tekst
I.	50	8	*(Svein banker på døra til Jorunn.)...*
		21	*Jeg har det bra på golvet, takk.*
II.	51	Vi lærer utenat	*Hei, hva gjør du? ...*
			... bøkene der på golvet er på norsk.
III.	52	22	*Du, Jorunn, har du et frimerke? ...*
	53	36	*Men har du et frimerke allikevel?*
IV.	56	37	*Jorunn! Ser du ikke? ...*
		53	*Tror du han så oss?*
V.	61	Noen navn	*Guttenavn ...*
			... Marit

B. ØVELSER

BÅNDET	*STUDENTEN*
I. Jeg har en blyant her.	*Men vi har to blyanter.*
Jeg har ei klokke her.	*Men vi har to klokker.*
II. Jeg ser en gutt der.	*Hva? Ser du en gutt der?*
Jeg så en gutt der.	*Hva? Så du en gutt der?*
III. Ser du på et bilde?	*Nei, jeg ser ikke på et bilde.*
Ser du avisen?	*Nei, jeg ser ikke avisen.*
IV. Svein har et hus.	*Det er huset til Svein.*
Anne har to blyanter.	*Det er blyantene til Anne.*
V. Jeg snakker norsk.	*Kåre forstår meg.*
Jorunn snakker norsk.	*Kåre forstår henne.*
VI. Kjenner du ham?	*Nei, jeg kjenner ham ikke.*
Kjenner du Odd?	*Nei, jeg kjenner ikke Odd.*
VII. Leser dere bøker?	*Ja, vi liker å lese bøker.*
Skriver dere brev?	*Ja, vi liker å skrive brev.*

C. DIKTAT OG SPØRSMÅL

Øystein

Spørsmål

1. Hva er på skrivebordet til Øystein?

2. Liker han ikke å lese?

3. Hva lærer han å gjøre?

4. Trenger han ikke å studere?

SJUENDE KAPITTEL

A. LEST INN PÅ BÅNDET

	<u>side</u>	<u>linje</u>	<u>tekst</u>
I.	67	1	*(Svein ringer til Jorunn.) . . .*
	68	20	*Ha det.*
II.	72	21	*Du Svein? . . .*
	73	37	*Ja, men jeg liker meg bedre hos Jens-Petter.*
III.	75	38	*Jorunn er på badet. . . .*
		49	*Hun liker seg foran speilet.*
IV.	78	Vi øver	*Legger du deg allerede? . . .*
		oss	*Bare når det er en god film om Norge.*

B. ØVELSER

<u>BÅNDET</u>	*STUDENTEN*
I. Spiser du pizza?	*Nei, jeg spiser ikke pizza.*
Liker Bjørn å drikke cola?	*Nei, Bjørn liker ikke å drikke cola.*
II. Jeg legger meg klokka elleve.	*Jeg legger meg klokka elleve.*
(Vi)	*Vi legger oss klokka elleve.*
III. Så du deg i speilet?	*Så du deg i speilet?*
(vi)	*Så vi oss i speilet?*
IV. Ringer Svein til Jorunn?	*Ja, han ringer til henne.*
Leser Anne boka?	*Ja, hun leser den.*
V. ei klokke	*to klokker*
et bilde	*to bilder*
VI. tre	*fire*
ni	*ti*

C. UTTALEØVELSE

Les setningen etter at du hører klokka.
Read the sentence after you hear the bell.

1. Hvor mange jenter er hjemme i dag?

2. Hva gjør de?

3. Det er elleve elever hos meg.

4. Unnskyld, studerer du ved universitetet?

D. DIKTAT OG SPØRSMÅL

Et brev til Jorunn

Spørsmål

1. Hvordan har Svein det?

2. Hvor er han?

3. Hvem besøker han?

4. Hvorfor liker han seg i Bergen?

ÅTTENDE KAPITTEL

A. LEST INN PÅ BÅNDET

	side	linje	tekst
I.	85	Vi øver oss	*Hva vil du ha til frokost i dag? . . .* *Vel bekomme.*
II.	87 88	7 28	*Hva skal du ha, Åse? . . .* *Mange takk.*
III.	91	Vi øver oss	*Morn. Skal du spise frokost nå? . . .* *Ha det bra.*
IV.			Hikke-mikke, mikke-hikke! Nå må jeg få melk å drikke!

B. ØVELSER

BÅNDET	*STUDENTEN*
I. Jeg leser avisen klokka sju.	*Pleier du å lese avisen klokka sju?*
Jeg legger meg klokka sju.	*Pleier du å legge deg klokka sju?*
II. Jeg er hjemme.	*Liker du deg hjemme?*
Solveig er hjemme.	*Liker Solveig seg hjemme?*
III. Hun snakker norsk.	*Ja, men kan du snakke norsk?*
Hun sitter på golvet.	*Ja, men kan du sitte på golvet?*
IV. Vi ligger på golvet.	*Vil du også ligge på golvet?*
Vi ser filmen.	*Vil du også se filmen?*
V. Han spiser formiddags-mat allerede.	*Må han spise formiddagsmat nå?*
Han banker på døra allerede.	*Må han banke på døra nå?*

185

C. LYTTEØVELSE

Lytt til brevet Aud skriver og svar så på spørsmålene:

1. Kjenner Aud noen andre studenter?

2. Når pleier hun å spise frokost?

3. Hva drikker hun til frokost?

NIENDE KAPITTEL

A. LEST INN PÅ BÅNDET

	side	linje	tekst
I.	95	1	*Dette er et hus. . . .*
		10	*. . . når de spiser middag.*
II.	101	23	*Hei, Svein. Har du boka mi?*
		40	*Skal vi bruke dem?*
III.	108	62	*Frokost liker familien å spise omkring . . .*
		72	*De liker seg hjemme.*
IV.	110	Vi øver	*God dag, god dag. . . .*
		oss	*Jo, tusen takk, det vil jeg gjerne!*

B. ØVELSER

BÅNDET	*STUDENTEN*
I. Jeg bruker pennen.	*Bruker du den?*
Marit så på bildene.	*Så hun på dem?*
II. Har du to blyanter?	*Ja, det er blyantene mine.*
Har jeg ei bok?	*Ja, det er boka di.*
III. Hun hadde ei klokke.	*Vi så ikke klokka hennes.*
Han hadde et hus.	*Vi så ikke huset hans.*
IV. Kan dere bruke fjernsynet deres?	*Nei, fjernsynet vårt er ikke her.*
Kan vi bruke lenestolene våre?	*Nei, lenestolene deres er ikke her.*
V. De kjøper ei lampe.	*Hvor mye koster lampa deres?*
Han kjøper noen blyanter.	*Hvor mye koster blyantene hans?*
VI. Har dere et viskelær?	*Ja, her kan du se viskelæret vårt.*
Har jeg ei bok?	*Ja, her kan du se boka di.*

(B. ØVELSER--FORTSATT)

VII. Ser du boka hennes?   *Er den hennes?*
      Ser du husene våre?   *Er de deres?*

VIII. De drikker kaffe i Oslo.   *I Bergen drikker de også kaffe.*
      De kjøper mat i Oslo.   *I Bergen kjøper de også mat.*

IX. Du må skrive brevet nå.   *I morgen skal jeg skrive brevet.*
     Du må ringe til Svein nå.   *I morgen skal jeg ringe til Svein.*

X. I badet vasker vi oss.   *I badet vasker vi oss.*
   (han)   *I badet vasker han seg.*
   (jeg)   *I badet vasker jeg meg.*

C. LYTTEØVELSE

Lytt til 'Huset til Jorunn' og svar så på spørsmålene:

1. Hvor er soveværelset til Jorunn?

2. Er det ikke noen bilder på veggene der?

3. Er badet i første etasje?

4. Hva gjør Jorunn når hun sitter på golvet i stua?

TIENDE KAPITTEL

A. LEST INN PÅ BÅNDET

	side	linje	tekst
I.	114	9	*Kjenner du foreldrene mine? . . .*
	115	39	*Nå tuller du igjen, Svein.*
II.	117	40	*Jeg har en onkel i Amerika. . . .*
	118	60	*Nei takk!*
III.	119	Vi øver oss	*Er ikke bestemoren din fra Norge?*
			Ja, kanskje det.
IV.			Dippe, dippe due,
			min mor er en frue,
			min far er en herremann,
			min bror er en spillemann.
			Han spiller ikke lenger
			for strenger koster penger.

B. ØVELSER

BÅNDET	*STUDENTEN*
I. Gerd har en mor.	*Hvor er moren hennes?*
Jeg har en søster.	*Hvor er søsteren din?*
II. Karsten har spist middag.	*Har han spist middag?*
Aud må skrive til Pål.	*Må hun skrive til ham?*
III. Var dere hjemme i går kveld?	*Ja, i går kveld var vi hjemme.*
Spiste dere middag i går kveld?	*Ja, i går kveld spiste vi middag.*
IV. Har Kari bare én bror?	*Nei, hun har to brødre.*
Har Kari bare én tante?	*Nei, hun har to tanter.*
V. Jeg har mange fettere.	*Men du har bare én fetter i Norge.*
Jeg har mange barnebarn.	*Men du har bare ett barnebarn i Norge.*

189

(B. ØVELSER--FORTSATT)

VI. Han har én mor og én far.	Ja, han har to foreldre.
Han har én bror og to søstre.	Ja, han har tre søsken.

C. LYTTEØVELSE

Lytt til historien om Gro og familien hennes og svar så på spørsmålene:

1. Er moren til Gro lærer?

2. Hvor arbeider faren hennes?

3. Har Gro mange sønner og døtre?

4. Hvor mange søsken har hun?

5. Har Magne, Liv og Marit mange barn?

6. Lever faren til moren hennes?

ELLEVTE KAPITTEL

A. LEST INN PÅ BÅNDET

	side	linje	tekst
I.	125	1	*God dag. Får jeg presentere meg? . . .*
		6	*Mennesker interesserer meg.*
II.	127	7	*Nå besøker jeg Ingeborg og Arne Bakke. . . .*
	128	17	*"Du har kanskje sett bildet mitt i avisen."*
III.	132	33	*Jeg har sovet bra og spist en god frokost. . . .*
		44	*. . . frukt, epler og pærer.*
IV.	137	Vi øver	*Bor du på landet eller i byen? . . .*
		oss	*Ja, det kan du si, men det er også mye arbeid.*

B. ØVELSER

BÅNDET	*STUDENTEN*
I. Vi legger oss klokka elleve i kveld.	*Pleier dere å legge dere klokka elleve?*
Dag legger seg klokka elleve i kveld.	*Pleier Dag å legge seg klokka elleve?*
II. Vi spiser snart.	*La oss spise nå!*
Vi sitter i stolene snart.	*La oss sitte i stolene nå!*
III. Jeg vil gjerne se på spisekartet.	*Du får se på spisekartet i morgen.*
Jeg vil gjerne reise til Norge.	*Du får reise til Norgen i morgen.*
IV. Mor, Bjørn drikker ikke melken.	*Bjørn, drikk melken!*
Mor, Bjørn sover ikke.	*Bjørn, sov!*
V. Jeg føler meg velkommen her.	*Jeg føler meg velkommen her.*
(Mette)	*Mette føler seg velkommen her.*

191

(B. ØVELSER--FORTSATT)

    VI. Har du et eple?   *Ja, men før hadde jeg mange epler.*
         Har du en hund?   *Ja, men før hadde jeg mange hunder.*

   VII. Kjenner du mange   *Nei, jeg kjenner bare én gutt.*
         gutter?

         Kjøper du mange   *Nei, jeg kjøper bare én stol.*
         stoler?

C. LYTTEØVELSE

Fyll inn ordene og uttrykkene som mangler mens du hører på båndet:

Nå besøker vi herr og fru Johnson. _____ har fire

barn -- tre _____ og en _____. De bor

på en gård _____ og barna må ofte _____

foreldrene på gården. Familien dyrker _____,

rug, _____ og noen grønnsaker. Johnson _____

hveten, rugen og havren _____. Noen ganger reiser

fru Johnson til byen med ham. _____ selger hun

noen av grønnsakene _____. Familien Johnson har

også noen _____ -- de har et par _____ og

_____ og en katt og en _____.

TOLVTE KAPITTEL

A. LEST INN PÅ BÅNDET

	side	linje	tekst
I.	144	1	*Jeg er fremdeles på besøk hos familien Bakke . . .*
		12	*"Nei, dessverre, ham kjenner jeg ikke."*
II.	151	20	*Klokka er nå halv seks. . . .*
		35	*I år vil vi gjerne reise til Sverige.*
III.	155	Vi øver	*God morgen. . . .*
	156	oss	*Ha det hyggelig i byen!*

B. ØVELSER

BÅNDET	STUDENTEN
I. Jeg trenger et kjøleskap.	*Er det ikke kjøleskapet ditt?*
Svein trenger en blyant.	*Er det ikke blyanten hans?*
II. Jeg leser i boka mi (Vi)	*Jeg leser i boka mi.* *Vi leser i boka vår.*
III. Vi så på huset vårt i går.	*Vi så på huset vårt i går.*
(Arne)	*Arne så på huset sitt i går.*
(traktor)	*Arne så på traktoren sin i går.*
IV. Vil du spise fisk i dag?	*Nei, jeg spiste fisk i går.*
Vil du være på skolen i dag?	*Nei, jeg var på skolen i går.*

(B. ØVELSER--FORTSATT)

V.

A)  2.00

BÅNDET: Hva er klokka nå?

STUDENTEN: Nå er klokka to.

B)  3.15   C)  5.45

D)  7.55   E)  1.00

F) 11.30   G) 4.35

VI. Ukedagene heter:

MANDAG, TIRSDAG, ONSDAG, TORSDAG, FREDAG, LØRDAG, SØNDAG

Månedene heter:

JANUAR, FEBRUAR, MARS, APRIL, MAI, JUNI, JULI,

AUGUST, SEPTEMBER, OKTOBER, NOVEMBER, DESEMBER.

VII. Hvilken dag kommer
etter mandag?

Etter mandag kommer tirsdag.

Hvilken dag kommer
etter fredag?

Etter fredag kommer lørdag.

VIII. I dag er det den 1.
februar. Hvilken
dato er det i morgen?

*I morgen er det den annen
februar.*

I dag er det den 5.
mars. Hvilken dato
er det i morgen?

*I morgen er det den sjette
mars.*

C. UTTALEØVELSE

Les setningen etter at du hører klokka:

1. Det er et kjøleskap i kjelleren.

2. Kan vi få regningen?

3. Journalisten presenterer mannen sin.

4. Halv tolv spiser vi formiddagsmat.

D. DIKTAT

1.

2.

3.

4.

TRETTENDE KAPITTEL

A. LEST INN PÅ BÅNDET

	side	linje	tekst
I.	159	1	*Den 6. juni. Oslo er hovedstaden i Norge. . . . .*
		15	*. . . og en sønn, Haakon Magnus.*
II.	163	16	*Nå ser vi på et stort teater. . . .*
		27	*. . . og de liker å besøke friluftskafeene.*
III.	172	Vi øver oss	*God dag. Er du ikke fra USA? . . .*
			. . . men det er allikevel svært moderne.

B. ØVELSER

BÅNDET	STUDENTEN
I. Har du sett mange gårder?	*Nei, jeg har bare sett én gård.*
Har du sett mange kjøleskap?	*Nei, jeg har bare sett ett kjøleskap.*
II. Er huset imponerende?	*Nei, men det er stort.*
Er blomsten imponerende?	*Nei, men den er stor.*
III. Er det en butikk her i byen?	*Ja, det er en god butikk her.*
Er det noen hoteller her i byen?	*Ja, det er mange gode hoteller her.*
IV. Jens kjøper et gult hus.	*Jens kjøper et gult hus.*
(rød)	*Jens kjøper et rødt hus.*
(bygning)	*Jens kjøper en rød bygning.*
V. Er alle gatene lange her i byen?	*Nei, men dette er ei lang gate.*
Er alle blomstene fine her i byen?	*Nei, men dette er en fin blomst.*

197

(B. ØVELSER--FORTSATT)

    VI. Vi vil skrive om et   *Hvilket hus vil dere skrive om?*
        hus.

       Vi vil skrive om en   *Hvilken gård vil dere skrive om?*
        gård.

C. LYTTEØVELSE

Fyll inn ordene som mangler mens du hører på båndet:

Onkelen og tanten til Siri bor i et _____ og

_____ hus på en _____ _____ gård.

Familien har mange _____ dyr på gården. De har

hester, kuer, griser, katter og en hund. Siri liker

_____ besøke onkelen og tanten sin på gården.

_____ har hun _____ alltid _____.

Nå er låven _____ av høy og været er ennå

_____. Det er en _____ dag. Jorunn

ligger i høyet på låven og ser på dyrene. Tanten

_____ arbeider i _____, og onkelen hennes

lager en _____ middag til alle sammen. Det er

en _____ dag å være på landet.

198

FJORTENDE KAPITTEL

A. LEST INN PÅ BÅNDET

	side	linje	tekst
I.	179	1	*Den 11. juni. . . .*
		8	*. . . pene værelser med fine møbler.*
II.	181	10	*Vi går ut av Rådhuset . . .*
	182	32	*. . . og Robert bruker lang tid inne i museet.*
III.	194	Vi øver	*Nå, hvordan går det? . . .*
		oss	*Jeg skal aldri glemme den.*
IV.			Store klokker sier:
			Tikk-takk, tikk-takk.
			Mindre klokker sier:
			Tikke-takke, tikke-takke.
			Men de små
			vi har i lommen sier:
			Tikke-tikke, takke-takke,
			tikke-tikke, takk.

B. ØVELSER

BÅNDET	STUDENTEN
I. Vi kan ikke finne et rimelig værelse.	*Men det er mange rimelige værelser her.*
Vi kan ikke finne ei gul pære.	*Men det er mange gule pærer her.*
II. Jeg så en gård.	*Du så en norsk gård. Den var gammel.*
Jeg så noen dyr.	*Du så noen norske dyr. De var gamle.*
III. Vil du gå opp nå?	*Nei, jeg har allerede vært oppe.*
Vil du gå inn i huset nå?	*Nei, jeg har allerede vært inne i huset.*
IV. Vi bor der ute.	*Vi bor der ute.*
(reiser)	*Vi reiser dit ut.*
(dit opp)	*Vi reiser dit opp.*

(B. ØVELSER--FORTSATT)

V. Jeg liker ikke bildet   *Kjøp et annet bilde.*
   mitt.

   Jeg liker ikke bordene   *Kjøp noen andre bord.*
   mine.

VI. Er kommoden din stor?   *Nei, den er liten.*

   Er problemet ditt   *Nei, det er lite.*
   stort?

VII. Vi har fine møbler   *Hadde dere ikke fine møbler i går?*
    i dag.

    Vi er gode studenter   *Var dere ikke gode studenter i går?*
    i dag.

C. LYTTEØVELSE

   Lytt til historien om Marit og svar så på spørsmålene:

1. Hvem besøker Marit?

2. I hvilken by bor de?

3. Bor de i et stort hus?

4. Hvorfor kommer turistene til kafeen?

5. Hva gjør turistene når de snakker med Marit?

FEMTENDE KAPITTEL

A. LEST INN PÅ BÅNDET

	side	linje	tekst
I.	201	1	*Skal vi spise nå? . . .*
	202	**29**	*"Vel bekomme," svarer vertinnen.*
II.	205	Vi øver oss	*Dette var deilig mat. . . .* *Vel bekomme.*
III.	207	Vi øver oss	*Vær så god. . . .* *Vel bekomme.*

B. ØVELSER

BÅNDET	STUDENTEN
I. Hvor er papiret til Gro?	*Odd kan ikke finne papiret hennes.*
Hvor er båten til Odd?	*Odd kan ikke finne båten sin.*
II. Kan du være så snill å sende meg saltet?	*Kan du være så snill å sende meg saltet?*
(saus)	*Kan du være så snill å sende meg sausen?*
III. Mor, Leif og Liv vasker seg ikke.	*Leif og Liv, vask dere!*
Mor, Leif kommer ikke til bordet.	*Leif, kom til bordet!*
IV. Vil dere ha en kopp kaffe?	*Ja, vi har lyst på en kopp kaffe.*
Vil dere drikke melk?	*Ja, vi har lyst til å drikke melk.*
V. Har hun lyst på vin?	*Nei, hun vil ikke ha vin.*
Hadde hun lyst til å ta båten dit ut?	*Nei, hun ville ikke ta båten dit ut.*
VI. De spiser nå.	*I går spiste de også.*
De må reise seg nå.	*I går måtte de også reise seg.*

C, DIKTAT

Et måltid

SEKSTENDE KAPITTEL

A. LEST INN PÅ BÅNDET

	side	linje	tekst
I.	223	1	*Den 16. juni. . . .*
		15	*Det er et fantastisk bilde.*
II.	232	Vi øver	*Har du spist middag?*
	233	oss	*. . . men jeg håper at de har noe annet enn fisk.*
III.	240	71	*Nå har vi gått et langt stykke . . .*
		85	*. . . på det gamle pianoet hans.*

IV.

En er en og to er to --
vi hopper i vann,
vi triller i sand.

Zikk, zakk,
vi drypper på tak,
tikk takk,
det regner i dag.

Regn, regn, regn, regn,
øsende regn, pøsende regn,
regn, regn, regn, regn,
deilig og vått, deilig og rått!

En er en og to er to --
vi hopper i vann,
vi triller i sand.

Zikk zakk,
vi drypper på tak,
tikk takk,
det regner i dag.

S. Obstfelder

B. ØVELSER

BÅNDET	*STUDENTEN*
I. Jeg ser en stor gård.	*Jeg ser en stor gård.*
(pen)	*Jeg ser en pen gård.*
(et hus)	*Jeg ser et pent hus.*
II. Han har en fin hund.	*Hun har to fine hunder.*
Han har et gammelt flagg.	*Hun har to gamle flagg.*

203

(B. ØVELSER--FORTSATT)

  III. Huset er rødt.   *Hvor er det røde huset?*
      Utsikten er fantastisk.   *Hvor er den fantastiske utsikten?*

   IV. Er byen stor?   *Nei, den er liten.*
      Er skipet stort?   *Nei, det er lite.*

    V. Hvilket hus liker du?   *Jeg liker det lille huset.*
      Hvilke stuer liker du?   *Jeg liker de små stuene.*

   VI. Huset mitt er rødt.   *Hvor er det røde huset ditt?*
      Blomstene hans er pene. *Hvor er de pene blomstene hans?*

  VII. Svein kjøper et hus.   *Det nye huset til Svein er lite.*
      Jeg kjøper ei hytte.   *Den nye hytta di er lita.*

C. DIKTAT

           Et brev fra Bergen

SYTTENDE KAPITTEL

A. LEST INN PÅ BÅNDET

	side	linje	tekst
I.	249	1	*Svein! Du må stå opp! . . .*
		24	*. . . din første dag på jobben.*
II.	265	Vi øver oss (1)	*Hvor lenge har du vært student her på _____? . . .* *Jeg blir lege om seks år, håper jeg.*
III.	266	Vi øver oss (2)	*Nei men, god dag. . . .* *Ha det bra, og god bedring!*
IV.	272 273	61 78	*Det regnet om morgenen . . .* *Den lengste dagen i året hadde allerede begynt.*

B. ØVELSER

BÅNDET	STUDENTEN
I. Var hun i Oslo i går?	*Nei, men hun er i Oslo nå.*
Kunne hun vekke ham i går?	*Nei, men hun kan vekke ham nå.*
II. Astrid bruker en traktor.	*Er det Astrids traktor?*
Han sitter i en lenestol.	*Er det hans lenestol?*
III. Han pleier å sitte hjemme om kvelden.	*Men i kveld sitter han ikke hjemme.*
Han pleier å sove om natten.	*Men i natt sover han ikke.*
IV. Jeg er student nå.	*Hvor lenge har du vært student?*
Jeg spiser fisk nå.	*Hvor lenge har du spist fisk?*
V. Vi besøkte slektningene våre da vi var i Norge.	*Vi pleier å besøke slektningene våre når vi er i Norge.*
Vi forstod det da han fortalte oss det.	*Vi pleier å forstå det når han forteller oss det.*

(B. ØVELSER--FORTSATT)

    VI. Kjøpte du erter da du   *Ja, da kjøpte jeg erter.*
         var i butikken?

        Tok du toget til Bergen   *Ja, da tok jeg toget til Bergen.*
         da du var to år
         gammel?

C. DIKTAT

    1.

    2.

    3.

    4.

    5.

ATTENDE KAPITTEL

A. LEST INN PÅ BÅNDET

	side	linje	tekst
I.	283	1	*Reider stod opp med det samme han våknet . . .*
		16	*. . . og en sein middag med god rødvin.*
II.	298	69	*Berit studerer ved universitetet i Oslo. . . .*
		84	*. . . for å besøke venner og slektninger.*
III.	300	Vi øver oss	*Morn. Hvor går du?* *Ha det bra.*
IV.	302	Noen fag	*amerikansk . . .* *. . . økonomi*
V.	303	Noen yrker	*Jeg er arkitekt . . .* *Jeg arbeider ute (i friluft).*

B. ØVELSER

BÅNDET	*STUDENTEN*
I. Bestilte hun det i går?	*Nei, men hun bestiller det nå.*
Spiste han det i går?	*Nei, men han spiser det nå.*
II. Drikker han?	*Ja, det gjør han.*
Skrev de brevet?	*Ja, det gjorde de.*
III. Bruker du Pers bil?	*Nei, jeg har min egen bil.*
Bruker hun Pers hus?	*Nei, hun har sitt eget hus.*
IV. Vi kjøper et nytt piano.	*Kjøpte dere ikke et nytt piano for noen uker siden?*
Han selger gitaren sin.	*Solgte han ikke gitaren sin for noen uker siden?*
V. Vi fortalte ham det i går.	*Hadde dere ikke fortalt ham det før?*
Vi prøvde å begynne i går.	*Hadde dere ikke prøvd å begynne før?*

207

C. UTTALEØVELSE

Les setningen etter at du hører klokka.

1. Hun gikk i går tidlig.

2. Hun arbeidet på hotellet.

3. De gav ham tolv kroner.

4. Drog dere dit i går kveld?

5. Det stod en kirke der før atten seksten.

D. DIKTAT

1.

2.

3.

4.

5.

A. LEST INN PÅ BÅNDET

	side	linje	tekst
I.	307	1	*Hallo, det er hos Norvik. . . .*
	308	26	*Morn da.*
II.	309	27	*Familien Norvik bor i Oslo. . . .*
		39	*Hun har hatt den i tre år.*
III.	316	101	*Hei, Jorunn! Ute og går? . . .*
	317	117	*Med deg, Svein, er alle turer lange.*

B. ØVELSER

BÅNDET	*STUDENTEN*
I. Vi laget middag først. Vi spiste etterpå.	*Først laget vi middag, så spiste vi.*
Vi gledet oss til er glass øl først. Vi drakk etterpå.	*Først gledet vi oss til et glass øl, så drakk vi.*
II. Han kjørte en ny bil. Hun hadde kjøpt bilen.	*Han kjørte den nye bilen som hun hadde kjøpt.*
Han spiste en deilig middag. Hun hadde laget middagen.	*Han spiste den deilige middagen som hun hadde laget.*
III. Har du sett mange pene værelser?	*Nei, jeg har sett bare ett pent værelse.*
Har du sett mange høye fjell?	*Nei, jeg har sett bare ett høyt fjell.*
IV. Synger de pene sanger?	*Ja, og de synger dem pent.*
Synger de fine sanger?	*Ja, og de synger dem fint.*

C. DIKTAT

   1.

   2.

   3.

   4.

   5.

A. LEST INN PÅ BÅNDET

	side	linje	tekst
I.	321	1	*Det er mange butikker og forretninger . . .*
		16	*. . . sier ofte "Vær så god" igjen.*
II.	327	43	*God dag. Kan jeg hjelpe dere?*
	329	91	*Jeg tar resten.*
III.	337	126	*Vær så god, fru Norvik. . . .*
		149	*Mange takk.*

B. ØVELSER

BÅNDET	*STUDENTEN*
I. Jeg har lyst på denne stolen.	*Men jeg vil heller ha den stolen.*
Jeg har lyst på disse grønnsakene.	*Men jeg vil heller ha de grønnsakene.*
II. De fjellene er høye.	*Men det fjellet er også høyt.*
Disse bilene er store.	*Men denne bilen er også stor.*
III. Mor, Jens sa at han var høy.	*Ja, men du er egentlig høyere, Anna.*
Mor, Jens sa at han var viktig.	*Ja, men du er egentlig viktigere, Anna.*
IV. Mor, Anna sa at hun var høyere enn meg.	*Nei, Jens, du er forresten den høyeste i hele familien.*
Mor, Anna sa at hun var viktigere enn meg.	*Nei, Jens, du er forresten den viktigste i hele familien.*
V. Det blir seint, og vi blir sultne.	*Jo seinere det blir, jo sultnere blir vi.*
Himmelen er blå, og det blir varmt.	*Jo blåere himmelen er, jo varmere blir det.*

211

C. LYTTEØVELSE

Slå sirkel rundt tallene som blir lest:

1.   8   18   80   88

2.   2   7   15   20

3.   5   35   45   53

4.   19   29   92   1902

5.   27   44   72   97

6. 100   157   175   570

D. DIKTAT

1.

2.

3.

4.

5.

TJUEFØRSTE KAPITTEL

A. LEST INN PÅ BÅNDET

	side	linje	tekst
I.	347	1	*(I banken) Vær så god? . . .*
		7	*Takk skal du ha.*
II.	348	28	*(På postkontoret) Vær så god? . . .*
	349	41	*Vær så god.*
III.	351	Hva heter det	*Dameklær . . .*
	354	på norsk?	*. . . votter*
IV.	357	91	*Johnson har mistet passet sitt. . . .*
	358	105	*"Du vet hvor glemsom jeg er."*

B. DIKTAT

1.

2.

3.

4.

5.

A. LEST INN PÅ BÅNDET

	<u>side</u>	<u>linje</u>	<u>tekst</u>
I.	363	1	*De fire årstidene heter . . .*
		16	*. . . sør for Polarsirkelen i Norge om sommeren.*
II.	369	Vi øver oss	*Tror du du skal til Norge i sommer?*
			. . . adressen til det kontoret i Oslo?
III.	370	48	*Våren er en praktfull årstid i Norge. . . .*
		63	*. . . folk gleder seg til om våren i Norge.*

B. DIKTAT

1.

2.

3.

4.

5.

TJUETREDJE KAPITTEL

A. LEST INN PÅ BÅNDET

	side	linje	tekst
I.	375	1	*Folk kan reise på mange måter . . .*
		8	*God tur!*
II.	380	9	*Veiene i Norge er både gode og dårlige. . . .*
		34	*. . . som er svært dyr i Norge.*
III.	389	64	*Det er om kvelden. . . .*
	390	108	*. . . å gå på skolen så lenge!"*

B. ØVELSER

BÅNDET	STUDENTEN
I. Jeg er ikke sulten.	*Hun sier at hun ikke er sulten.*
Jeg blir ikke sjøsyk.	*Hun sier at hun ikke blir sjøsyk.*
II. Alle kan snakke norsk.	*Men her er noen som ikke kan snakke norsk.*
Alle liker å ta toget.	*Men her er noen som ikke liker å ta toget.*
III. Hun spiser gjerne fisk.	*Sier du at hun gjerne spiser fisk?*
Han snakker alltid norsk.	*Sier du at han alltid snakker norsk?*
IV. Hva heter du?	*Hun vet ikke hva jeg heter.*
Når ble du født?	*Hun vet ikke når jeg ble født.*

C. DIKTAT

1.

2.

3.

4.

A. LEST INN PÅ BÅNDET

	side	linje	tekst
I.	405	7	*Svein er syk. . . .*
		34	*. . . enn de smertene han har nå.*
II.	409	35	*Det er to dager seinere. . . .*
	410	72	*Fortsatt god bedring!"*

B. ØVELSER

BÅNDET	*STUDENTEN*
I. Han ringte mens du var ute.	*Mens jeg var ute, ringte han.*
Han ble syk mens du var ute.	*Mens jeg var ute, ble han syk.*
II. De er ofte her.	*Fordi de ofte er her, liker vi dem.*
De vasker alltid opp.	*Fordi de alltid vasker opp, liker vi dem.*
III. Har du mer enn én fot?	*Ja, jeg har to føtter.*
Har du mer enn én finger?	*Ja, jeg har ti fingrer.*

C. DIKTAT

1.

2.

3.

4.

5.

TJUEFEMTE KAPITTEL

A. LEST INN PÅ BÅNDET

	side	linje	tekst
I.	420	12	*Den 22. april 1977 skjedde det . . .*
		30	*. . . hvis det kommer en ny "blow-out".*
II.	422	31	*Det norske oljeeventyret begynte . . .*
		48	*. . . og selger norske oljeprodukter.*
III.	430	66	*Miljøvernspørsmål har i det siste . . .*
		75	*. . . politiske realiteter i dagens Norge.*

B. ØVELSER

BÅNDET	STUDENTEN
I. Anne selger huset.	*Huset blir solgt av Anne.*
Anne finner bildene.	*Bildene blir funnet av Anne.*
II. Han finner passet.	*Passet blir funnet.*
Han har solgt huset.	*Huset har blitt solgt.*
III. De drikker kaffe der.	*Kaffe drikkes der.*
De snakker engelsk der.	*Engelsk snakkes der.*

C. DIKTAT

1.

2.

3.

4.

5.

TJUESJETTE KAPITTEL

A. LEST INN PÅ BÅNDET

	side	linje	tekst
I.	437	1	*Endelig. Nå har Jorunn og Jens-Petter . . .*
		13	*. . . til en lykkelig Jorunn.*
II.	445	39	*Både Jorunns familie og Jens-Petters . . .*
	446	76	*"Jeg orker ikke å holde en tale til!"*

B. ØVELSER

BÅNDET	*STUDENTEN*
I. Jeg kan snakke norsk.	*Hun sa at hun kunne snakke norsk.*
Jeg selger bilen min.	*Hun sa at hun solgte bilen sin.*
II. Kan du snakke norsk?	*Han spurte om jeg kunne snakke norsk.*
Har du mange penger?	*Han spurte om jeg hadde mange penger.*
III. Har du spist ennå?	*Nei, men jeg kommer til å spise snart.*
Har du stått opp ennå?	*Nei, men jeg kommer til å stå opp snart.*
IV. Spiste du frokost?	*Ja, jeg satt og spiste frokost i to timer.*
Har du lest avisen?	*Ja, jeg har sittet og lest avisen i to timer.*

C. DIKTAT

1.

2.

3.

4.

5.

TJUESJUENDE KAPITTEL

A. LEST INN PÅ BÅNDET

	side	linje	tekst
I.	455	1	*Nordmennene er glad i naturen. . . .*
		11	*. . . mange ganger i løpet av vinteren.*
II.	456	Vi øver	*Er du glad i å gå tur? . . .*
		oss	*Ja, det synes jeg ville være hyggelig.*
III.	460		*Skjærtorsdagens værmelding . . .*
			. . . spesielt i sørlige fjellstrøk.
IV.	460	Vi øver	*Hvor drog dere i påsken? . . .*
	461	oss	*Særlig når det er stygt vær ute.*

B. DIKTAT

1.

2.

3.

4.

5.

A. LEST INN PÅ BÅNDET

	side	linje	tekst
I.	469	1	*Fem år har gått siden Jorunn og Jens-Petter . . .*
	470	46	*. . . for faren hennes er jernbanemann.*

B. DIKTAT

1.

2.

3.

4.

5.

The pronunciation section which follows will give you the
opportunity to practice the sounds of Norwegian. The Nor-
wegian you will hear on the accompanying tapes represents
the dialect spoken in Oslo. There are many other regional
and social dialects which can be heard throughout Norway,
but the speech of Oslo is usually considered the standard.
Your teachers, friends, and relatives may use different
dialects, with somewhat different pronunciations for some
sounds and words.

This section begins with the nine single vowels (presented
in the order *i-e-æ-a-å-ø-o-u-y*) and then goes on to diph-
thongs (combinations of two vowels). In the next part,
you will practice the Norwegian consonants which are fre-
quently difficult for speakers of English. In addition,
you will see examples of consonants which are written, but
are not pronounced (the so-called silent consonants). The
two consonants *k* and *g* which have different pronunciations
when they are followed by *i*, *j*, and *y* will also be taken up
here. Finally, aspects of stressed syllables and word tone
will be presented.

Throughout the pronunciation section, written letters and
words will be shown in italics, while spoken sounds (pho-
nemes) and words will appear between slanted lines. For
example, the word *hva* is pronounced /va:/. (The colon
shows that the vowel is long.)

In most cases, the way a word is spelled tells you how to
pronounce it, once you understand several spelling conven-
tions. For example, in stressed syllables, a vowel fol-
lowed by one consonant (*tak* /ta:k/) or not followed by any
consonants (*ta* /ta:/) is usually long. A vowel followed
by two or more consonants (*takk* /takk/) is short. There
are some words, however, for which spelling is not a reli-
able guide to pronunciation. For example, from the spelling
of *godt* we would expect the vowel to be /o/. But it is
actually pronounced with /å/. The section on silent conso-
nants gives you more practice pronouncing words in which the
written language diverges from the spoken. As you listen to
these tapes, you should make a mental note of pronunciation
when it varies from the spelling.

Each unit of this section begins with the speakers on the
tapes pronouncing new sounds and words. After each sound or
word, the speaker will pause and you should imitate the
speaker's pronunciation precisely. Listen very carefully
as the speaker "corrects" your pronunciation by repeating

the initial sound. Then you should repeat the sound once again, trying to adjust for the differences between your first attempt and the speaker's pronunciation. For the nine single vowels, you can use a mirror to compare your mouth and lip positions with the illustrations in the book. You should approach these drills actively: listen, speak, imitate. Do not sit back and let the tape recorder do all the talking.

Several types of exercises follow the presentation of new sounds. You will be asked to:

1. recognize and differentiate sounds (circle the sound or word you hear),
2. produce the sounds (after you hear the signal, pronounce the sound or word listed),
3. show the relationship between the written and spoken language (write the word which is spoken),
4. pinpoint parts of words (underline vowels or consonants).

Before you begin, here are several suggestions to help you develop good pronunciation habits in a foreign language:

1. listen and repeat--do it often

2. imitate and exaggerate--a difference between sounds may seem minor to you, but may be very important to a native speaker

3. keep trying--keep your sense of humor about what may at first seem like impossible tongue and lip contortions.

● | **long** | **short** |
|---|---|
| /i:/ | /i/ |
| si | sitt |
| avis | fabrikk |
| ni | nitten |
| liker | ikke |
| /i:/ | /i/ |

i

● | **long** | **short** |
|---|---|
| /e:/ | /e/ |
| se | sett |
| h<u>e</u>ter | t<u>e</u>ppe |
| pen | penn |
| stud<u>e</u>re | student |
| /e:/ | /e/ |

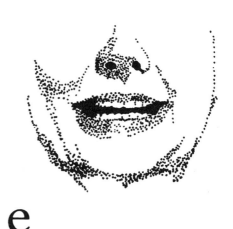

e

long	**short**
/æ:/	/æ/
være	vært
lære	Bergen /bærgen/
er /æ:r/	herr /hærr/
fjerde /fjæ:re/	hjerte /jærte/
/æ:/	/æ/

●

æ

I. CIRCLE THE VOWEL OR WORD YOU HEAR:

1. /i:/ /e:/ /æ:/

2. /i:/ /e:/ /æ:/

3. /i:/ /e:/ /æ:/

4. *si*   *se*

5. *lær*   *ler*

6. *pen*   *penn*

II. AFTER YOU HEAR THE SIGNAL, PRONOUNCE THE VOWEL OR WORD:

1. /æ:/   6. *lærer*

2. /i:/   7. *skriver*

3. /e:/   8. *ser*

4. *litt*   9. *sier*

5. *elev*   10. *er*

III. WRITE THE WORD WHICH IS SPOKEN:

1.   5.

2.   6.

3.   7.

4.   8.

● **long**   **short**

/a:/   /a/

Kari   *Anne*

tak   *takk*

kake   *klasse*

etasje   *tavle*

/a:/   /a/

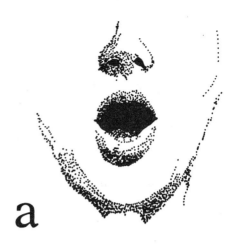

a

long   **short**

/å:/   /å/

gå   *gått*

● *år*   *norsk* /nårsk/

forstår   *jobb* /jåbb/

/å:/   /å/

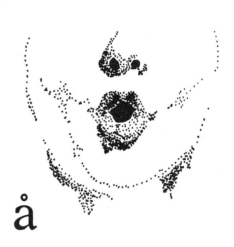

å

long   **short**

/ø:/   /ø/

før   *førti*

øre   *spørre*

kjøpe   *kjøkken*

gjør /jø:r/   *søster*

● /ø:/   /ø/

Ø

233

I. CIRCLE THE VOWEL OR WORD YOU HEAR:

1. /a:/   /å:/   /æ:/

2. /ø:/   /å:/   /æ:/

3. /a:/   /å:/   /ø:/

4. /e:/   /æ:/   /i:/

5. *sa*   *så*

6. *der*   *dør*

7. *hat*   *hatt*

II. AFTER YOU HEAR THE SIGNAL, PRONOUNCE THE VOWEL OR WORD:

1. /i:/   6. /æ:/

2. /ø:/   7. *bra*

3. /å:/   8. *går*

4. /a:/   9. *dør*

5. /e:/   10. *pike*

III. WRITE THE WORD WHICH IS SPOKEN:

1.   6.

2.   7.

3.   8.

4.   9.

5.   10.

234

●

long	short
/oː/	/o/
god /goː/	*ost*
bok	*bodd*
ord /oːr/	*borte*
noen	*hvor* /vorr/
/oː/	/o/

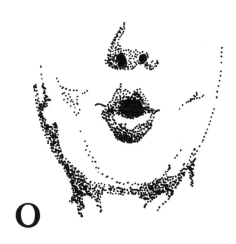

o

long	short
/uː/	/u/
du	*hun* /hunn/
sju	*gutt*
uke	*kunne*
stue	*pusse*
/uː/	/u/

●

u

long	short
/yː/	/y/
mye	*stykke*
by	*nytt*
lys	*tysk*
/yː/	/y/

●

y

UTTALE /o/--/u/--/y/

I. CIRCLE THE VOWEL OR WORD YOU HEAR:

1. /i:/   /y:/   /e:/

2. /e:/   /ø:/   /y:/

3. /o:/   /u:/   /y:/

4. /o:/   /u:/   /y:/

5. /o:/   /ø:/   /u:/

6. *nyss*   *nys*

7. *ni*   *ny*

8. *bor*   *bur*

9. *tå*   *to*

10. *møte*   *mote*

II. AFTER YOU HEAR THE SIGNAL, PRONOUNCE THE VOWEL OR WORD:

1. /ø:/   6. *stol*

2. /o:/   7. *gutt*

3. /u:/   8. *lys*

4. /y:/   9. *spørsmål*

5. /i:/   10. *tulle*

III. WRITE THE WORD WHICH IS SPOKEN:

1.   6.

2.   7.

3.   8.

4.   9.

5.   10.

PRACTICE THESE VOWELS AND WORDS:

A: /i:/ /e:/ /æ:/ /a:/ /å:/ /ø:/ /o:/ /u:/ /y:/

bi, be, bæ, ba, bå, bø, bo, bu, by

B. /e:/ -- /y:/

be   by

C. /e:/ -- /ø:/

be   bø

D. /o:/ -- /u:/

bo   bu

E. /u:/ -- /y:/

bu   by

F. /o:/ -- /ø:/

bo   bø

            *   *   *   *   *   *   *   *   *   *

I. IS THE STRESSED VOWEL (UNDERLINED) LONG OR SHORT?

	LONG	SHORT			LONG	SHORT
1. *bor*	0	0	8. *avis*		0	0
2. *bodde*	0	0	9. *Amerika*		0	0
3. *gått*	0	0	10. *stemmer*		0	0
4. *står*	0	0	11. *kafé*		0	0
5. *tak*	0	0	12. *unnskyld*		0	0
6. *kaffe*	0	0	13. *hus*		0	0
7. *butikk*	0	0				

237

II. CIRCLE THE WORD YOU HEAR:

1. *si*   *sy*   8. *lus*   *lys*

2. *for*   *før*   9. *kor*   *kur*

3. *var*   *vær*   10. *hvit*   *hvitt*

4. *står*   *stor*   11. *leke*   *lekke*

5. *sitte*   *sette*   12. *bake*   *bakke*

6. *full*   *føll*   13. *løker*   *løkker*

7. *litt*   *lytt*   14. *ful*   *full*

III. AFTER YOU HEAR THE SIGNAL, PRONOUNCE THE VOWEL OR WORD:

1. /u:/   7. *tåre*

2. /y:/   8. *Tore*

3. /i:/   9. *hus*

4. /o:/   10. *lys*

5. *penn*   11. *bøker*

6. *pen*   12. *lærer*

IV. WRITE THE WORDS YOU HEAR SPOKEN:

1.   6.

2.   7.

3.   8.

4.   9.

5.   10.
238

UTTALE /æi/--/æu/--/øy/

/æi/ = /æ/ + /i/	/æu/ = /æ/ + /u/	/øy/ = /ø/ + /y/
jeg	*sau*	*høy*
meg	*maur*	*tøy*
nei	*pause*	*høyre*
arbeider	*august*	*øyeblikk*
peis	*tau*	*Øyvind*
seksten	*Europa*	*øye*
/æi/	/æu/	/øy/

veien til Austvågøy

*   *   *   *   *   *   *   *   *   *   *

I. CIRCLE THE VOWEL, DIPHTHONG, OR WORD YOU HEAR:

1. /æi/   /øy/   /æu/   6. *si*   *se*   *seg*

2. /æi/   /øy/   /æu/   7. *meg*   *møy*   *med*

3. /øy/   /ø:/   /y:/   8. *si*   *sy*

4. *høre*   *høyre*   9. *speil*   *spill*

5. *ja*   *jeg*   10. *sauer*   *sår*

II. AFTER YOU HEAR THE SIGNAL, PRONOUNCE THE VOWEL, DIPH-THONG, OR WORD:

1. /æ:/   6. *Svein*

2. /æi/   7. *tau*

3. /øy/   8. *speil*

4. /ø:/   9. *Øystein*

5. *så*   10. *kafé*

III. WRITE THE WORD YOU HEAR SPOKEN:

1.   4.

2.   5.

3.   6.

UTTALE -- trykklett /e/ og /a/

<u>unstressed /e/</u>   <u>unstressed /a/</u>

jente   *jenta*
klokke   *klokka*
tavle   *tavla*
Anne   *Anna*
barnet   *barna*
beinet   *beina*

*   *   *   *   *   *   *   *   *   *   *

I. CIRCLE THE WORD YOU HEAR:

1. *barnet*   *barna*   6. *gate*   *gata*

2. *Anne*   *Anna*   7. *kasse*   *kassa*

3. *stue*   *stua*   8. *historie* *historia*

4. *Ole*   *Ola*   9. *fele*   *fela*

5. *klokke*   *klokka*   10. *liste*   *lista*

II. AFTER YOU HEAR THE SIGNAL, PRONOUNCE THE WORD:

1. *klokka*   6. *barna*

2. *Anne*   7. *historie*

3. *familie*   8. *boka*

4. *kaka*   9. *kasse*

5. *tavle*   10. *gata*

III. WRITE THE WORD YOU HEAR SPOKEN:

1.   5.

2.   6.

3.   7.

4.   8.

241

/kj/ written as _kj_

> _kjemi_
> _kjenner_
> _kjøper_
> _kjeller_
> _kjære_
> _kjøtt_
> _kjøleskap_

/kj/ written as _tj_

> _tjue_
> _tjern_

/kj/ written as _k + i_

> _kirke_
> _kiste_
> _kilo_

/kj/ written as _k + y_

> _kysse_
> _kyst_

***

/sj/ written as _sj_

> _sju_
> _sjette_
> _sjokolade_
> _etasje_
> _lunsj_ /lønsj/
> _nasjonal_

/sj/ written as _skj_

> _skje_
> _kanskje_

/sj/ written as _sk + y_

> _sky_
> _unnskyld_

/sj/ written as _s + l_

> _slå_
> _slag_
> _slippe_
> _slutt_

/sj/ written as _sk + i_

> _ski_
> _skip_
> _skinke_
> _brødskive_

/sj/ written as _j_

> _journalist_

/sj/ written as _r + s_

> _norsk_
> _først_
> _forstår_
> _spørsmål_
> _vær så god_
> _takk for sist_

243

I. FOR EACH WORD, MARK WHETHER YOU HEAR /KJ/ OR /SJ/:

	/kj/	/sj/
1.	0	0
2.	0	0
3.	0	0
4.	0	0
5.	0	0
6.	0	0

II. AFTER YOU HEAR THE SIGNAL, PRONOUNCE THE WORD:

1. *kjenner*   6. *forstår*

2. *sju*   7. *brødskive*

3. *ski*   8. *kjære*

4. *kirke*   9. *etasje*

5. *kanskje*   10. *kyst*

III. WRITE THE WORD YOU HEAR SPOKEN:

1.   6.

2.   7.

3.   8.

4.   9.

5.   10.

UTTALE
/t̥/--/d̥/--/n̥/--/ng/--og konsonantforbindelser

/t̥/ written as *rt*	/d̥/ written as *rd*	/ng/ written as *ng*
bort	*fordi*	*mange*
borte	*har du*	*gang*
vært	*er det*	*trenger*
kart		*engelsk*
vårt	/n̥/ written as *rn*	
førti		/ng/ written as *nt*
snart	*barn*	
	morn	*restaurant*
		interessant

***

/k/ + /n/	/f/ + /j/	/b/ + /j/
Knut	*fjord*	*Bjørn*
kniv	*fjorten*	*bjelle*
kne	*fjøs*	*bjørk*
knær	*i fjor*	*Bjørg*

/s/ + /n/	/s/ + /t/
snakker	*student*
snart	*stemmer*
snill	*staver*
	står

I. AFTER YOU HEAR THE SIGNAL, PRONOUNCE THE WORD:

1. *mange*	6. *førti*
2. *knær*	7. *fordi*
3. *snill*	8. *morn*
4. *stor*	9. *kniv*
5. *barnet*	10. *student*

II. WRITE THE WORD YOU HEAR SPOKEN:

1.

2.

3.

4.

5.

6.

7.

8.

9.

10.

UTTALE
"stumme" konsonanter, gi og gy

This exercise deals with "silent" consonants and *g* pronounced as /j/.

silent *d*	silent *t*	silent *g*	silent *v*
god	*det*	*og*	*tolv*
ved	*barnet*	*også*	*tolvte*
med	*vinduet*	*viktig*	*halv*
unnskyld	*universitetet*	*deilige*	*selv*
land		*drog*	*gav*
alltid		*selger*	

Some of the consonants listed above may be pronounced when the words are emphasized or are given a "reading pronunciation."

hv pronounced as /v/	*hj* pronounced as /j/	*gj* pronounced as /j/
hvor	*hjem*	*gjøre*
hva	*hjemme*	*gjort*
hvem	*hjelpe*	*igjen*
hver	*hjulpet*	*gjennom*
hvile	*hjerte*	*gjerne*

g pronounced as /j/ when followed by *i*	*g* pronounced as /j/ when followed by *y*
gi	*begynne*
gikk	*gynge*
gift	

I. IN EACH WORD, UNDERLINE THE CONSONANTS WHICH ARE NOT
   PRONOUNCED:

1. det   6. dårlig

2. landet   7. hvordan

3. alltid   8. tolv

4. hjalp   9. imponerende

5. gjorde   10. stod

II. AFTER YOU HEAR THE SIGNAL, PRONOUNCE THE WORD:

1. dårlige   6. gjerne

2. hvilket   7. gitt

3. det   8. gav

4. tolv   9. teppet

5. hjelpe   10. begynner

III. WRITE THE WORD YOU HEAR SPOKEN:

1.   6.

2.   7.

3.   8.

4.   9.

5.   10.

UTTALE trykk og tonemer

WORD STRESS

Generally, Norwegian words without prefixes are stressed on
the first syllable. (The vowel in the stressed syllable is
underlined below.)

  h_eter, k_ommer, l_eser, _ikke, l_ikeså, b_are, f_emten

But many words, including some borrowed words, are stressed
on other syllables:

  el_ev, stud_ent, Am_erika, biolog_i, kjem_i, hist_orie, fabr_ikk,
  fam_ilie, universit_et, av_is, pap_ir, ekspedit_ør, entr_é.

So, for every new word you learn, you should also learn how
it is stressed.

All verbs ending in -*ere* in the infinitive, stress the next
to the last syllable:

  present_ere, stud_ere, invit_ere.

Frequently, although not always, prefixes on words are un-
stressed:

  forst_å, fort_elle, bes_øke, tilb_ake, beg_ynne.

It will also be helpful to know that endings on words usual-
ly do not change the stressed syllable:

  et v_ærelse, v_ærelset, v_ærelser, v_ærelsene
  å bes_øke, bes_øker, bes_økte, bes_økt
  g_ammel, g_ammelt, g_amle
  s_ein, s_einere, s_eineste

WORD TONES

Each stressed word in a Norwegian sentence is said to have a
tone. There are two distinct tonal patterns. In some word
pairs, these patterns are the only differences in pronunci-
ation.

These tones are associated with a word's stressed syllable.
Tone 1 has a rising pitch on the stressed syllable. Tone 2
has a falling pitch on the stressed syllable and a rising
pitch on the following syllable(s):

TONE 1	TONE 2
huset	penger
linjal	kjøper
kaffe	snakker
gutten	gjøre
bøker	vinduene

249

UTTALE trykk og tonemer

I. UNDERLINE THE VOWEL OR DIPHTHONG IN THE SYLLABLE WHICH IS STRESSED:

1. Jorunn
2. kunne
3. arbeider
4. imponerende
5. tennene

6. videre
7. papir
8. linjal
9. fordi
10. restaurant

II. AFTER YOU HEAR THE SIGNAL, PRONOUNCE THE FOLLOWING WORDS:

1. elev
2. elevene
3. fabrikk
4. universitetet
5. forstår
6. student

7. fotograferer
8. videre
9. familiene
10. vinduer
11. værelsene
12. begynner

III. IS TONE 1 OR TONE 2 USED WITH EACH WORD?

	TONE 1	TONE 2
1. pike	0	0
2. veggene	0	0
3. klokka	0	0
4. hjemmet	0	0
5. hjemme	0	0
6. spørre	0	0
7. bonde	0	0
8. bønder	0	0